Die Faszination athletischer Körper
BODY BUILDING
mit Weltmeister Ralf Möller

Die Lebensgeschichte von Ralf Möller schildert Fritz Fey

FALKEN VERLAG

Im Falken-Verlag erschienen auch die Titel:
„Bodybuilding für sie und ihn" (Nr. 0604)
„Bodybuilding für Frauen" (Nr. 0661)

CIP-Kurztitelaufnahme der Deutschen Bibliothek

Möller, Ralf:
Die Faszination athletischer Körper, Bodybuilding mit Weltmeister
Ralf Möller. – Niedernhausen/Ts.: Falken-Verlag, 1987.
    (Falken-Sachbuch)
    ISBN 3-8068-4281-7

ISBN 3 8068 4281 7

Titelbild: Steffi Strittmatter, Düsseldorf
Fotos: Steffi Strittmatter, Düsseldorf; Albert Busek, München;
Walter Herden, Gelsenkirchen; Archiv Sportrevue
Wir danken den Firmen: GYM 80 Equipment-GmbH Sportgerätehandel,
Essen; TOP GYM A. Neugebauer, Wien 19 und Karstadt (Alex)
für die Unterstützung der fotografischen Arbeiten für dieses Buch.
Die Ratschläge in diesem Buch sind von Autor und Verlag sorgfältig
erwogen und geprüft, dennoch kann eine Garantie nicht übernommen
werden. Eine Haftung des Autors bzw. des Verlages und seiner Beauf-
tragten für Personen-, Sach- und Vermögensschäden ist ausgeschlossen.
Satz: LibroSatz, Kriftel bei Frankfurt
Druck: Mainpresse Richterdruck, Würzburg

817 2635 4453 6271

Inhaltsverzeichnis

Vorwort

Bodybuilding ist ein Sport, den jeder betreiben kann, ganz gleich, ob er wie ich an Wettkämpfen teilnehmen oder einfach nur überflüssige Pfunde loswerden möchte. Ganz bestimmt nimmt das Bodybuilding eine Sonderstellung unter den Sportarten ein.

Bodybuilder messen sich nicht in der üblichen Form durch Vergleich bestimmter Leistungen miteinander. Sie zeigen bei den Wettkämpfen das Ergebnis einer Leistung, die sie während eines sehr harten Trainings bereits über Jahre erbracht haben. Vermutlich ist das mit ein Grund, warum sich viele Menschen nicht mit dem Gedanken anfreunden können, Bodybuilding als echte Sportart zu sehen.

Ich möchte es einmal ganz einfach ausdrücken: Bodybuilding heißt, Bildhauer am eigenen Körper zu sein. Natürlich darf man über die Beschäftigung mit dem Körper nicht vergessen, daß man auch einen Kopf besitzt. Ich möchte behaupten, daß es nicht gerade für besondere Intelligenz spricht, wenn manche Menschen in einem Bodybuilder automatisch einen Schwachkopf sehen. Andere Sportler sind merkwürdigerweise nicht von diesem Vorurteil betroffen.

Lernen Sie Bodybuilding einmal richtig kennen. Ich bin, wie alle meine Kollegen, mit dem Herzen und dem Verstand dabei. Wie jeder Sport, kann auch Bodybuilding in einem selbst vieles bewirken: zum Beispiel die innerliche Stärke, die einen Rückschläge des Lebens gelassener hinnehmen läßt. Ich habe im Verlauf meiner sportlichen Karriere sehr viele Menschen kennengelernt, Menschen, die zu mir hielten, wenn ich sie brauchte. Ich möchte deshalb an dieser Stelle einigen lieben Freunden danken, die mir auf meinem Weg durch ihren persönlichen Einsatz geholfen haben.

Da ist Walter Herden, mit dem ich seit Jahren freundschaftlich verbunden bin, und da ist Jürgen Brandt, mit dem ich über mehrere Jahre trainiert habe und der erheblich zu meinem Erfolg beigetragen hat. Albert Busek hat mir in den Anfängen den richtigen Weg beschrieben und sich oft für mich eingesetzt. Seine Frau Gabi, die gegen eine schwere Krankheit kämpft, hat trotzdem immer noch die Kraft gefunden, anderen Menschen – so auch mir – Mut zuzusprechen. Ja, und dann ist da auch noch meine Verlobte Anette, mit der ich immer meine Probleme besprechen kann, und nicht zuletzt sind es meine Eltern, ohne die ich meinen Weg nicht hätte gehen können und denen ich daher dieses Buch gerne widmen möchte.

Ich hoffe, daß es Ihnen ein wenig weiterhelfen kann, Ihre sportlichen Ziele zu erreichen, und wünsche Ihnen sportlichen Erfolg und Spaß bei der Lektüre.

Ihr

Ralf Möller

Lebensstationen

Der Privatmann

Ralf Möller wurde am 12. Januar 1959 in Recklinghausen geboren. Mit 59 cm gewinnt er als größtes Baby der Station gleich seine erste „Meisterschaft". Natürlich sind seine Eltern Ursula und Helmut stolz auf ihren achteinhalb Pfund schweren Sohn, der ihr einziges Kind bleiben soll.

Mit sieben Jahren wird Ralf zum ersten Mal sportlich aktiv: Er tritt in den Recklinghausener Schwimmverein SV Neptun ein. Auch heute noch zählt sein damaliger Förderer Ortwin Thum, einer der Begründer des Schwimmvereins, zu seinem engsten Bekanntenkreis. Bis zum 15. Lebensjahr bleibt Ralf dem Schwimmsport treu. Sechs Jahre lang betreibt er ihn als Wettkampfsport und gewinnt sogar einige Stadt- und Westfalen-Meisterschaften. Obwohl er nie einen Kampf bestreitet, trainiert er anschließend zwei Jahre lang im Boxclub „Boxring 28" in Recklinghausen.

Nach dem Abschluß einer zweieinhalbjährigen kaufmännischen Handelsschulausbildung beginnt er für weitere zweieinhalb Jahre eine Ausbildung als Schwimmeister bei der Stadtverwaltung Recklinghausen. 1983 läßt er sich von dieser Tätigkeit beurlauben. Jedoch gibt es eine Vereinbarung, daß er jederzeit in den alten Beruf zurückkehren kann. Dabei unterstützten ihn der Amtsleiter, der Stadtdirektor und selbst der Bürgermeister.

Mutter Ursula wurde mittlerweile zu einer echten Spezialistin in Sachen Sportlerernährung, denn sie hatte über viele Jahre hinweg das richtige Ernährungsprogramm für Ralf zusammengestellt und natürlich auch alles selbst gekocht. Vater Helmut erledigt die täglich anfallende Post. Er hat seinem Sohn die eigene Zielstrebigkeit vererbt, und die hat Ralf schließlich dahin gebracht, wo er heute steht. Selbstverständlich besucht der Vater auch ab und zu das Training.

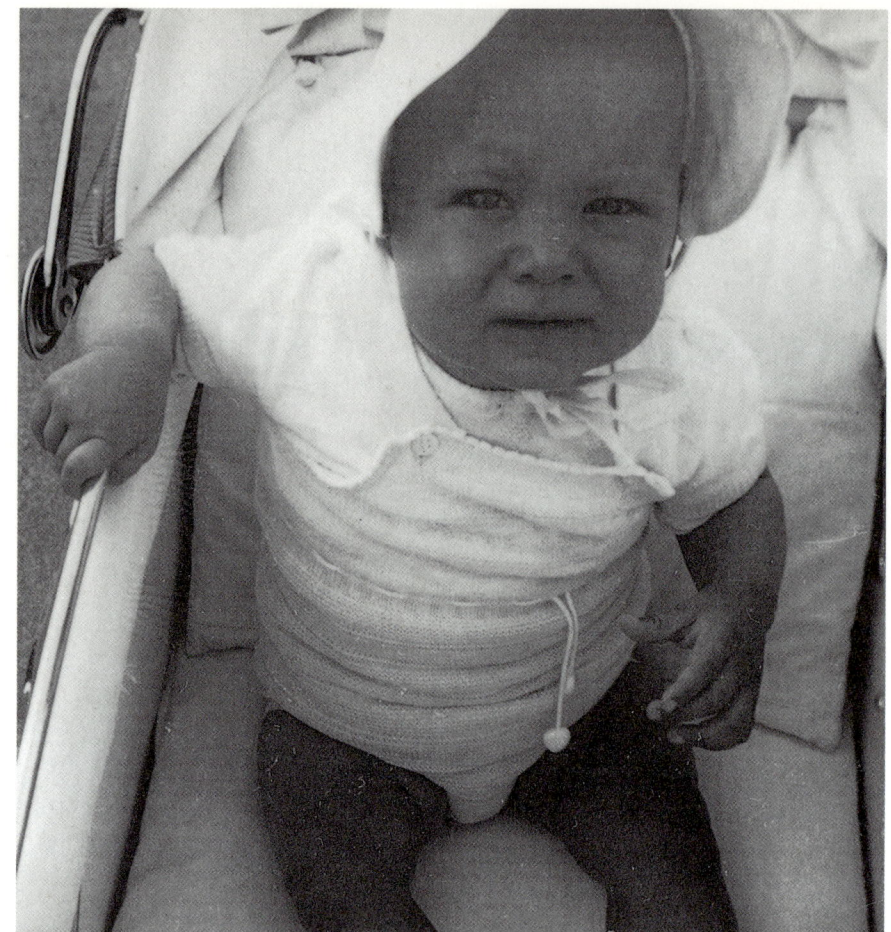

Bei dem siebenmonatigen Ralf Möller (ganz oben) sind noch keine Muskeln zu sehen. Doch schon mit sechs Jahren „posiert" er (links) oder genießt mit seinem Vater die frische Luft des Bayerischen Waldes (oben).
Seite 11: Ralf Möller mit seinen Eltern... seinem Auto... und auf Hawaii.

Neben seiner Begeisterung für Bodybuilding, das mittlerweile sein Beruf geworden ist, gibt es natürlich auch noch andere Dinge im Leben des Ralf Möller. Zum Beispiel seine Vorliebe für die Malerei. Er besitzt Aquarelle von Kohler und einige Arbeiten in Öl von Hettinger – zwei deutschen Künstlern, die sich ausschließlich mit modernen Sportmotiven beschäftigen.

Ebenso wie die moderne Kunst schätzt er auch eine moderne, geschmackvolle Einrichtung. Dies beweist seine persönlich ausgestattete Eigentumswohnung in der Nähe des Stadtgartens Recklinghausen.

Auch die Musik gehört zu seinen Hobbys: Grace Jones, Tina Turner, Al Jarreau und Stevie Wonder, allesamt Vertreter der „schwarzen" Musik, gehören zu seinen Lieblingskünstlern. Und für den Deutschen Peter Hofmann hat Ralf ebenfalls eine Vorliebe entwickelt, vielleicht auch, weil dieser erfolgreiche Sänger als ehemaliger Zehnkämpfer selbst sehr viel Fitneßsport betreibt.

Möchten Sie noch mehr über Ralfs Interessen erfahren? Da sind noch Lesen, gutes Essen, gute Filme mit Schauspielern wie Jack Nicholson, Dustin Hoffman oder Robert De Niro, Tauchen und auch eine Schwäche für schnelle Autos. Nach einem 3,2 Liter Porsche Carrera Cabrio fährt er zur Zeit einen Mercedes 500 SEC, ein Luxus, den ihm seine erfolgreiche sportliche Karriere mit all ihren geschäftlichen „Nebenerscheinungen" ermöglichte. Beinahe die ganze Welt hat er schon bereist: Jugoslawien, England, Österreich, die Schweiz, Spanien, Holland, Schweden, Belgien, aber auch die Vereinigten Staaten, Afrika, Singapur, Sri Lanka, Japan und Hawaii. Wer jetzt denkt, Ralf Möller sei ausschließlich Genießer, weiß nicht, wie hart er für seinen Erfolg arbeiten mußte.

Und es gibt noch einen anderen Ralf Möller, einen, der bei Spendenaktionen für an multipler Sklerose Erkrankter mitwirkt oder der Greenpeace-Aktionen unterstützt und befürwortet...

Aus einem Hubschrauber genießt Ralf
Möller das herrliche Panorama von
Honolulu (oben). Aber auch hier zieht
es ihn zum Fitneßstudio (mit einer
Bekannten, Cory Eversen, und seiner
Verlobten Annette).

Ende Januar 1987 bereiste Ralf Möller
mit seiner Mutter und Annette den
Senegal mit seiner Hauptstadt Dakar.

Die Karriere

Ein Steinbock gibt niemals auf. Vor allem diese Aussage charakterisiert die Karriere des Ralf Möller, der zum ersten Mal im Jahre 1976 in Jugoslawien mit einem echten Bodybuilder konfrontiert wurde. Ralf Möller war dorthin als 17jähriger mit seinen Eltern in Urlaub gefahren.

„Ich wurde auf diesen Mann aufmerksam, weil er durch seine ausgeprägte Muskulatur etwas anders als andere aussah", erzählt Ralf Möller. Das war der erste leibhaftige Kontakt mit einem Bodybuildingatlethen, die er sonst nur aus Zeitschriften kannte. *„Ich kam eigentlich schnell mit ihm ins Gespräch, denn er stammte aus einer Nachbarstadt, genauer gesagt aus Essen. Wir sprachen über sein Training, und so bekam ich heraus, daß er drei- bis viermal je Woche ein bis zwei Stunden trainierte."*

Als 17jähriger (oben, in Jugoslawien) stand Ralf Möller am Anfang seiner Bodybuildingkarriere. Das Bild rechts zeigt ihn als 18jährigen im Studio Brand. Ganz anders wirkt der „Profi" (rechts oben) im Busek-Leistungszentrum neben Albert Beckels, Lee Haney und Walter Herden (v.l.n.r.) oder 1986 beim Ruhrpokal in Oberhausen im Finale mit Jürgen Brand (S. 15).

Sicher kommt es in erster Linie darauf an, was für Ziele jemand verfolgt. Will man an Wettkämpfen teilnehmen (und diese möglichst auch gewinnen), kommt man nicht darum herum, bis zu sechsmal wöchentlich zwei bis drei Stunden lang zu trainieren. Soweit aber war Ralf Möller noch lange nicht.

Nach Hause zurückgekommen, hatte er nichts von der anfänglichen Begeisterung für Bodybuilding eingebüßt. Sein Vater schweißte ihm zwei Kurzhanteln. *„Ich verbrachte damit sehr viel Zeit im Keller und weiß noch heute, daß ich dreißig- oder vierzigmal irgendwelche selbst ersonnenen Übungen ausführte, die überhaupt kein Muskelwachstum bewirken konnten. Nur wußte ich das damals natürlich nicht."*

Nach Beendigung der ‚normalen‘ Schulzeit ging Ralf Möller auf eine weiterführende kaufmännische Handelsschule. Da damit auch seine sportliche Betätigung als Schwimmer zu Ende ging, überlegte Ralf, wie er weiterhin sportlich

fit bleiben könne. Die erste Station war ein Boxclub, wo er zweimal wöchentlich trainierte. Dort lernte er Manfred Pospich, einen aktiven Bodybuilder, kennen.

„Damals, 1977, gab es kaum Fitneß-studios, wie wir sie heute kennen. Zumindest waren sie noch nicht so verbreitet. Ich fuhr mit Manfred nach Herne in einen studioähnlichen Raum und war zunächst einmal froh, Übungsgeräte zur Verfügung zu haben, um die einzelnen Muskelgruppen gezielt trainieren zu können. Jedoch war der Raum alles andere als schön, was mich in meiner ersten Begeisterung aber nicht störte. Die Hanteln und Geräte waren verrostet, im Winter mußte man mehrere Pullover anziehen, weil es aus allen Ecken und Ritzen zog. Duschanlagen gab es natürlich auch nicht."

Für Ralf aber zählte nur das Training. Er fuhr zwei- oder dreimal in der Woche nach Herne. Da er noch kein eigenes Auto besaß, mußte er die Strecke mit öffentlichen Verkehrsmitteln zurücklegen. Es war

also noch nicht so bequem wie für heutige Bodybuildingfans, die beinahe an jeder Ecke ein Fitneßstudio finden.

Vielleicht bietet sich hier ein bißchen Statistik an: München hat etwa 100 Studios, Köln 70 bis 80, und selbst die Heimatstadt Ralf Möllers, Recklinghausen, kann mit sieben Studios im Stadtzentrum und vielen weiteren in unmittelbarer Umgebung aufwarten. Ende der 70er Jahre mußte man, wie gesagt, erheblich mehr Energie und Zeit aufwenden, um überhaupt an das „begehrte Eisen" zu kommen.

„Das war aber auch ganz gut so, denn man war um so ‚heißer‘ auf das Training! In meinem ersten ‚Fitneßstudio‘ traf ich natürlich viele Gleichgesinnte, die zum Teil sehr zielstrebig ihren Muskelaufbau vorantrieben. Einiges schaute ich mir von ihnen ab. Ich weiß noch genau, daß mein Traumgewicht beim Bankdrücken 90 Kilo war. Ich bewunderte einen Bodybuilder, der dieses Gewicht sieben- oder achtmal hintereinander drückte. Es war

Manfred Pospich, der mich ins Studio eingeführt hatte."

Es sollte noch eine ganze Weile dauern, bis dieses erste selbstgesteckte 90-Kilo-Ziel erreicht war, denn Ralf Möller fing mit 17½ Jahren mit Gewichten von 35 und 40 Kilo an. Einige Monate später bekam Ralf seinen eigenen Schlüssel und konnte nun nach Belieben sein Training gestalten. Durch einen Freund sollte er kurze Zeit darauf in die Essener Bodybuildingszene Eingang finden.

„Ich lernte Walter Herden kennen, der zwar selbst Bodybuilding betrieb, aber keine Wettkampfambitionen hatte. Sein Interesse lag im generellen Fitbleiben. Hauptberuflich war er als Hausmeister in einer Schule tätig und baute nebenher Fitneßgeräte. Sicher hätte er es sich 1977 nicht träumen lassen, daß daraus die heute so bekannte Firma Gym 80 hervorgehen würde, die er zusammen mit seinem Partner Peter Förster betreibt. Genausowenig hätte ich mir vorstellen können, daß ich einmal vom Bodybuilding leben würde."

Weltmeisterschaft 1982 in Brügge: ▶
Gunnar Rosbo, der Sieger Lee Haney
und Ralf Möller

Ralf Möller, 1978, mit Walter Herden
im Studio Brand ▼

Durch Walter Herden lernte Ralf seinen späteren Freund und Trainingspartner Jürgen Brand kennen, den er schon aus einigen Zeitschriften als aktiven und vor allem auch erfolgreichen Bodybuilder kannte. 1972 war Jürgen Brand bereits Deutscher Juniorenmeister. Und auch bei den Senioren war er sehr erfolgreich und sollte es in den folgenden Jahren auch bleiben. Brand belegte 1982 bei den Deutschen Meisterschaften der IFBB in der Klasse bis 90 Kilo den ersten Platz. Er hatte erst wenige Wochen zuvor ein eigenes Studio eröffnet.
Jürgen Brand beobachtete Ralf beim Training, sah die durch die Arbeit in Herne bereits möglichen Leistungen und fragte ihn, ob er nicht an einem Wettkampf teilneh-

men wolle. Dieser sollte im Februar 1978 im Essener Saalbau als Juniorenmeisterschaft ausgetragen werden. Ralf Möller hatte bis zu diesem Zeitpunkt eigentlich noch nicht an Wettkämpfe gedacht, da es ihm zunächst nur um die körperliche Fitneß und das athletische Aussehen ging. Zwischendurch hatte er jedoch auch schon mit dem Posen begonnen.

Der 78er Wettkampf wurde Ralfs erster Auftritt, den er mit einem erfolgreichen dritten Platz abschloß. Natürlich wurde er durch diesen Erfolg sehr angespornt, und das Publikum fragte sich sicherlich, woher dieser Riese kam, der mit seinen 1,97 Meter zweifellos auch heute eine Einzelerscheinung im Bodybuilding ist.

Eine Woche später rief ihn Albert Busek an, der heutige IFBB-Präsident, der schon 1968 Arnold Schwarzenegger nach Amerika vermittelt hatte. Ralf erzählt:
„Albert lud mich nach München ein. Ich wurde dort von ihm und seiner Familie sehr freundlich aufgenommen. Er fragte mich, ob ich es mit dem Bodybuilding wirklich ernst meine. Nach meinem Erfolg in Essen konnte ich diese Frage nur bejahen. Schon einige Wochen später nahm ich an einer bayerischen Meisterschaft in Landshut teil, die ich gewann.

Albert wies mich in einem Gespräch darauf hin, daß es beim Bodybuilding auch sehr auf die Proportionen ankomme und daß es deshalb ein Athlet von meiner

Größe besonders schwer habe. Gleichzeitig ermutigte er mich aber auch, weiterzumachen. Dieses Gespräch zerstreute meine letzten Zweifel, und ich legte nun nach meinen beiden Meisterschaftserfolgen erst richtig los.

Im gleichen Jahr, also 1978, nahm ich an der Deutschen Meisterschaft der IFBB teil und wurde auch dort auf Anhieb Klassensieger. Im Endkampf um den Gesamtsieg mußte ich gegen einen kleineren Athleten, Gabriel Wild, antreten, der mit 1,75 nicht nur besser proportioniert war als ich, sondern gleichzeitig auch ein ausgezeichneter Poser. Ich bekam dort direkt zu spüren, daß meine Körpergröße, die ich zunächst als Vorteil eingeschätzt hatte, doch ein Handicap darstellte.

Ich hätte mindestens zehn Kilogramm mehr Muskelmasse gebraucht, um diesen Athleten zu schlagen.
Natürlich trainierte ich weiter, denn mein Ziel war der Gesamtsieg bei den Junioren. Jeden Tag fuhr ich mit meinem ersten Auto, das ich von meinem Vater bekam, von Recklinghausen nach Essen. Im Studio Brand trainierte nicht nur Jürgen selbst, sondern auch noch andere Bodybuilder, wie zum Beispiel Hans Baus, der seine Erfolge Ende der 70er Jahre feierte. Natürlich sind die Bedingungen viel günstiger, wenn mehrere wettkampforientierte Athleten zum Training kommen, denn die überwiegende Zahl der Trainierenden sind ja lediglich fitneßorientiert.«
1979 versuchte Ralf Möller einen neuen Anlauf auf den Gesamtsieg, doch es reichte wiederum „nur" für den Klassensieg. Der 19jährige wog damals etwa 115 Kilogramm. Gesamtsieger wurde Karl Link, ein Athlet um die 1,75. Zu dieser Zeit war Ralf schon seit sechs Wochen bei der Bundeswehr. Die Grundausbildung erschwerte natürlich die Vorbereitungen auf weitere Wettkämpfe. Dank Albert Busek, der ein Schreiben an die Bundeswehr richtete, konnte Ralf sein Training bis zum Wettkampf kontinuierlich fortsetzen.
„Man brachte dort sehr viel Verständnis für meinen Sport auf. Ich konnte oft schon früher gehen, um rechtzeitig zum Training erscheinen zu können."
Niemals jedoch vergaß Ralf darüber den Besuch bei seinen Eltern.

Seine Mutter verstand es immer schon, die richtige Kost für einen Bodybuilder zuzubereiten. Aber Ralf fehlte damals noch das richtige Verständnis dafür.
„Für mich stand das Training im Vordergrund, und ich schenkte der richtigen Ernährung eigentlich noch keine allzu große Beachtung."
Aufgrund seiner Größe hätte Ralf schon damals 250 bis 300 Gramm Eiweiß zu sich nehmen müssen, bei einem Kalorienbedarf von wahrscheinlich 4000 bis 5000. Heute sehen die Zahlen anders aus: Kalorienbedarf 6000 bis 8000, Eiweiß-

Weltmeisterschaft 1982 in Brügge: Im Vergleichsposing mit Gunnar Rosbo (oben) und bei der Siegerehrung mit Lee Haney (S. 19)

18

bedarf zwischen 350 und 400 Gramm. Doch das alles wußte Ralf damals noch nicht. Und so fehlte es – wie bei vielen anderen – an der notwendigen Konsequenz in der Ernährung und auch an der Erkenntnis, daß das Training allein noch keinen Wettkampfsieg garantiert.

„60 Prozent Training und 40 Prozent Ernährung sind das richtige Maß! Wenn ein Kaufmann immer nur aus der Kasse nimmt, wird er sehr schnell pleite gehen! Genauso ist es auch mit unserem Körper. Heute esse ich am Tag alle drei bis vier Stunden etwas. Ich kann so mein Gewicht halten und habe noch Steigerungsreserven für die Wettkämpfe."

Während der Bundeswehrzeit trainierte Ralf Möller doch nicht mehr so regelmäßig, da sich aufgrund des verpaßten Gesamtsieges eine gewisse Frustration bei ihm breit machte. Er trainierte in Wattenscheid Kugelstoßen, hielt sich jedoch in erster Linie im Hantelraum auf. Doch gleich nach der Bundeswehr begann er wieder intensiv Bodybuilding zu trainieren.

1982 wurde Ralf Möller erstmals Deutscher Vizemeister in der „Großen Klasse"; Klassen- und Gesamtsieger wurde damals Wilhelm Hauck. Trotzdem war es ein Rieseneinstand bei den Senioren. Im Herbst des gleichen Jahres fanden im belgischen Brügge die Weltmeisterschaften statt. Ralf hatte sich zum Ziel gesetzt, unter die ersten sechs zu kommen. Daß er im Endeffekt sogar den dritten Rang belegte, war eine Riesenüberraschung. Innerhalb nur eines Jahres hatte er es geschafft, sich in die Weltspitze der Amateure zu katapultieren.

Sieger wurde der bei Insidern bestens bekannte Lee Haney, der bis heute bereits dreimal den Titel eines Mr. Olympia errang. Zweiter wurde der zweifache Vizeweltmeister Gunnar Rosbo. *„Gunnar lag nur einen Punkt vor mir"*, sagt Ralf, um deutlich zu machen, wie knapp er den zweiten Rang verpaßt hatte und wie hoch sein dritter Platz tatsächlich zu bewerten ist.

1983 ging es nach Singapur. „Natürlich wollte ich gewinnen und Gesamtsieger werden" Ralf hatte gegen zwei Ausnahmeathleten anzutreten: Bob Paris und Berry de Mey. „Beide waren etwa 1,80 groß und gewannen vor mir aufgrund ihrer günstigeren Proportionen. Ich hatte zwar damals bereits ein Gewicht von 122 Kilo, aber das war immer noch zu wenig. Es nutzte mir nichts, der Definierteste zu sein, da es mir nach wie vor an Muskelmasse und körperlicher Harmonie fehlte."

Noch vor diesen Weltmeisterschaften im Mai war Ralf Möller in München Deutscher Meister geworden. Ein besonders wichtiger Erfolg, da er bei diesem Wettkampf Gesamtsieger aller Klassen wurde.

„1984 in Las Vegas wollte ich endlich Erster werden. Deshalb achtete ich mehr als zuvor auf die richtige Ernährung. Ich mußte mehrmals am Tag essen, um auf mein Eiweißpensum von 350 bis 400 Gramm zu kommen und die erforderliche Menge an Kohlenhydraten zu mir zu nehmen."

Zu dieser Zeit war Ralf Möller bei der Stadtverwaltung in Recklinghausen als Schwimmlehrer immer noch berufstätig. Erst im Jahre 1984 ließ er sich beurlauben, um sich auf die Weltmeisterschaften in Las Vegas richtig vorbereiten zu können. Natürlich war damit auch sein Gehalt gestrichen. Das Training fand vormittags und nachmittags statt. Aufgrund der guten Resonanz in Deutschland und Europa kam jedoch durch Seminare und Gastauftritte das „notwendige Kleingeld" zusammen. Das Jahr 1984 war jedoch so sehr durch Reisen und Seminare belastet, daß Ralf gar nicht richtig trainieren konnte. Daher wurde die Teilnahme an der WM auf 1985 verschoben.

1984 war auch noch in anderer Hinsicht eine sehr bedeutsame Zeit für Ralf Möller. Er lernte seine Verlobte Annette kennen. Was sie anfänglich zum Thema „Bodybuilding" zu sagen hatte, hören wir am besten von ihr selbst:

Beim Training in Singapur

„Um ehrlich zu sein, fand ich Bodybuilding zuerst ganz gräßlich. Die vielen Muskeln haben mich eher erschreckt. Als ich Ralf dann besser kennenlernte, seine Art, seinen Charakter, sah ich in ihm nur noch den liebenswerten und verständnisvollen Partner und fand mich mit seiner Begeisterung für Bodybuilding ab. Erst als ich später selbst mit dem Training begann und an mir spürte, wie gut mir die sportliche Betätigung tat, begann mein Interesse – sicher auch durch Ralfs Einfluß – zu wachsen. Und heute kann ich mich für Bodybuilding und einen trainierten muskulösen Körper richtig begeistern."

Bei der Gewichtskontrolle der Weltmeisterschaft 1983 in Singapur war Ralf Möller (links) noch voller Hoffnung auf den Sieg. Oben: So sah der erste Durchgang der Wettkämpfe in Singapur aus.

„Sie schaute sich die Sache zunächst einmal an. 1985 begann sie selbst mit dem Training." Ralf sagt dies mit großem Stolz. „Mittlerweile trainiert sie viermal in der Woche jeweils eine Stunde lang, natürlich nicht, um an Wettkämpfen teilzunehmen, sondern aus Spaß und aus Gründen der Fitneß."

Annette ist 1,68 groß und wiegt 52 Kilogramm. Nicht nur aus diesem Grund ist sie ein gutes Gegengewicht zu Ralf. Denn sie ist nicht der Typ, der immer einverstanden ist, sondern hat stets ihre eigene Meinung zu den Dingen.

„Da Annette tagsüber ihrem Beruf nachgeht, können wir abends ab und zu gemeinsam zum Training ins Studio gehen, das Monika Herden vorbildlich leitet und wo ich seit 1984 trainiere."

In Singapur maß sich Ralf Möller mit Lee Haney und Gunnar Rosbo (oben). Rechts zeigt er Bauchmuskulatur in höchster Vollendung und seine seitlich gedrehte Spezialpose.
Seite 23: Die Brust des Bodybuilders.

1985 entwickelte sich das Bodybuilding auch für Ralf Möller zum Geschäft. Neben zahllosen Seminaren, die mehr und mehr gefragt waren, traten auch die ersten größeren Firmen mit Werbeverträgen an Ralf Möller heran. Es mußte also nicht nur das harte Training absolviert werden, sondern auch Geschäfte und Verträge mußten fachmännisch verhandelt und erledigt werden.

„In dieser Zeit lernte ich meinen jetzigen Berater und Freund Klaus Linke kennen, der mit seinem Bruder ein Steuerbüro in Gelsenkirchen betreibt. Mit Klaus habe ich die ersten wichtigen Verträge ausgehandelt, und ich bin sicher, daß noch viel interessante Arbeit auf uns wartet. Zusammen mit Rechtsanwalt Schmitz, der die rechtlichen Probleme betreut, bilden wir ein gutes Team. Ich bin sehr froh darüber, da es für mich eine zu große Belastung wäre, all diese zeitraubenden Dinge selbst in die Hand zu nehmen."

1985 sollte das Jahr des Ralf Möller werden, so dachte er es sich zumindest. Er verfolgte konsequent sein Ziel, endlich Weltmeister zu werden, und unternahm einen weiteren Anlauf auf den Schwergewichts-Weltmeistertitel der IFBB, der Internationalen Föderation des Bodybuilding.

Die Kampfrichter der IFBB müssen sich bei den einzelnen Landesverbänden einem intensiven Schulungsprogramm unterziehen. Jedes Jahr erfolgt darüber hinaus eine Überprüfung der erlangten Kenntnisse und Fähigkeiten. Dabei ist Erich Janner, Geschäftsführer der IFBB und seit Jahren internationaler Kampfrichter, bisher unfehlbar geblieben, was ihm bei seinen Freunden den Beinamen „Mr. 100 Prozent" eingebracht hat. Bei den Ausscheidungen, wo Metermaß und Stoppuhr fehlen, beeinflußt natürlich immer auch eine gewisse

Die Bilder auf diesen beiden Seiten zeigen das harte Training Ralf Möllers während der Vorbereitung auf die Weltmeisterschaft 1986 in Tokio.

persönliche Sympathie die Wettkämpfe, wenn es um knappe Entscheidungen geht. Aber damit müssen sich beispielsweise auch Eiskunstläufer und Turner abfinden.

„Es lief alles sehr gut. Vier Wochen vor dem Wettkampf wog ich 134 Kilo", sagt Ralf. *„Es fehlte zwar noch die Härte in den Beinen, aber ich hatte genügend Zeit zu trainieren."* Ja, und dann passierte es; Alptraum und Enttäuschung zugleich. Ralf zog sich eine schwere Verletzung am Schultereckgelenk zu. Normalerweise wären jetzt drei Wochen Pause notwendig gewesen, aber das hätte das Aus für die WM-Teilnahme bedeutet. Mehrmals in der Woche bekam Ralf Spritzen von Dr. Rabi Toma, der Verbandsarzt der Gewichtheber ist. Die Behandlung linderte zwar die Schmerzen, konnte sie aber nicht beseitigen.

Bis zum Wettkampf in Göteborg verlor Ralf fast zehn Kilo. Damit waren auch die Hoffnungen, trotz der enormen Körpergröße die richtigen Proportionen zu haben, zerschlagen. Ralf Möller wurde nur Fünfter.

„Ein, zwei Tage hatte ich daran zu knacken, dann ging es weiter! Ich wollte endlich beweisen, daß auch ein großer Athlet den Titel schaffen kann. Ich war nun halt mal der Größte, das heißt, der war ich ja eigentlich noch nicht: Ich war lediglich der längste und schwerste Bodybuilder der Welt. Aber ich wollte den WM-Titel haben, auch um allen Wettkämpfern, die größer als 1,90 sind, zu zeigen, daß sie es schaffen können."

1986 war es endlich so weit. Dies war nun wirklich ein Ralf-Möller-Jahr, obwohl er bei der Qualifikation in Augsburg zwei Wochen vor der WM fast noch „durchgefallen" wäre, denn er brachte noch nicht – wie in den vergangenen Jahren – die nötige Definition auf die Bühne. Aber er hätte, verfrüht in Topform, diese wahrscheinlich gar nicht bis zur WM halten können.

„Für mich war es eine Sache des genauen Timings. Ich mußte darauf achten, meine Muskelmasse zu halten, damit ich am Wettkampftag mit 127 Kilo gut proportioniert und definiert auftreten konnte. Dabei hatte ich meiner Mutter, die sich schon seit Jahren um meine Wettkampfdiät kümmerte, sehr viel zu verdanken.

Zusammen mit meinem Trainingspartner Jürgen Kornrade, der mich schon 1985 hervorragend betreut hatte, und mit Ralf Röhr, einem langjährigen Bekannten aus Recklinghausen, bereitete ich mich auf die WM '86 vor. Walter Klock, Helmut Wagner, Erich Janner und Prof. Dr. Beuker, IFBB-Verbandsarzt seit 1985, betreuten die Nationalmannschaft, zu der außer mir Hermann Hoffend, Erwin Knoller und Karl-Heinz Loose gehörten."

In Tokio war der Erfolg endlich auf Ralfs Seite. Das Ziel war erreicht. Er war Weltmeister (und seine Mannschaft Vize-Weltmeister!). Ein Titel, der 1986 eine besondere Qualität hatte, da erstmals in der Geschichte des Bodybuilding bei einer Welt-meisterschaft Dopingkontrollen stattfanden, die auch Voraussetzung für eine Anerkennung bei den Olympischen Spielen sind. Die Kontrollen wurden von keinem geringeren als dem berühmten Prof. Dr. Donicke aus Köln durchgeführt, der mit einem amerikanischen und japanischen Kollegen darauf achtete, daß alles legal zuging.

„Ich wog bei meiner Größe 127 Kilogramm. Das hatte bisher noch keiner zustandegebracht. Und das beim ersten durch das IOC anerkannten Weltmeistertitel!" Jetzt ist Ralf Möller im wahrsten Sinne des Wortes der „Größte"!

Nach dem Weltmeistertitel kann das nächste Ziel für Ralf Möller nur der Titel des Mr. Olympia sein. „Joe Weider hat diesen Titel ins Leben gerufen, damit Wettkämpfer, die bereits einen Weltmeistertitel haben, einen Anreiz zum Training auf einen weiteren Titel bekommen."

Aber nicht nur Ziele des sportlichen Wettkampfs sind für Ralf von Bedeutung. Er weiß, wie schnell eine sportliche Karriere, zum Beispiel durch eine ernsthafte Verletzung, beendet sein kann. Eines seiner Unternehmen zur Sicherung der Existenz könnte die Gründung eines eigenen Fitneßcenters und Bodybuildingstudios in seiner Heimatstadt Recklinghausen sein.

Da Ralf, bedingt durch seine vielfältigen Aktivitäten, sicher nicht selbst jeden Tag im Studio sein könnte, ihm aber das Wohl der Fitneßfans sehr am Herzen liegt, würde er zusammen mit einigen qualifizierten Trainern arbeiten, die das Training nach seinen Vorstellungen leiten sollen.

Endlich geschafft: Siegerehrung in Tokio mit Ben Weider (S. 26).
Unten: Der Weltmeister mit seiner Verlobten Annette.

„Bodybuilding und Fitneßtraining haben nur dann einen Sinn, wenn sie unter vernünftiger Anleitung mit den geeigneten Geräten durchgeführt werden", sagt Ralf, und wir wissen, wie recht er hat.

Wenn ein Bodybuildingathlet mit den Körpermaßen und der Muskelmasse eines Ralf Möller so erfolgreich ist, lassen natürlich auch die Filmproduzenten nicht lange auf sich warten. Doch nicht jedes Angebot ist so interessant, wie es anfangs erscheint. Einige Drehbuchautoren sind über die Vorstellung des muskelbepackten Analphabeten immer noch nicht hinausgekommen, andere sehen im Bodybuilder nur ein Symbol der Brutalität.

Ralf verabscheut jedoch gewaltverherrlichende Filme: *„Es müssen ja nicht gleich Hunderte von Litern Blut fließen! Spannung kann man auch durch andere dramaturgische Mittel erzeugen!"* Dieser Meinung scheinen auch Filmproduzenten wie Arthur Brauner oder Horst Wendland zu sein, denn sie stehen bereits in Verhandlungen mit Ralf.

Ralf Möller, der Geschäftsmann, im Gespräch mit Berater Klaus Linke und Anwalt Herbert Schmitz (oben). Der Weltmeister will auch für Nachwuchs sorgen (links, mit Jürgen Konrade und dem kleinen Lessley Herden). Weltklasseathleten posieren im Studio: Norbert Albrecht, Jusup Wilcosz, Ralf Möller, Peter Hensel und Thomas Scheu (S. 29, oben). Oft trainierte Ralf Möller im Busek-Sportcenter in München (S. 29, unten).

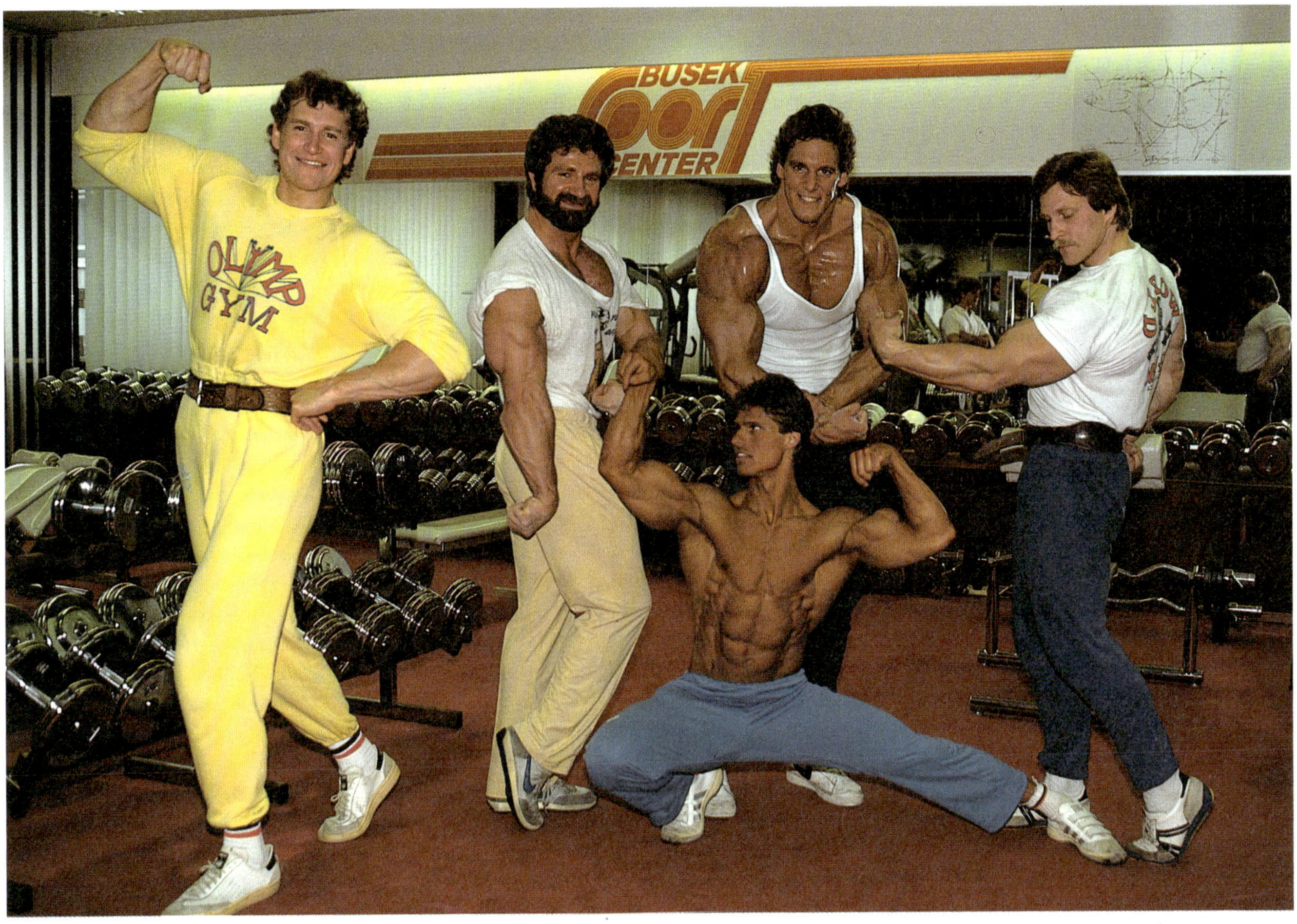
BUSEK
Sport
CENTER
OLYMP
GYM

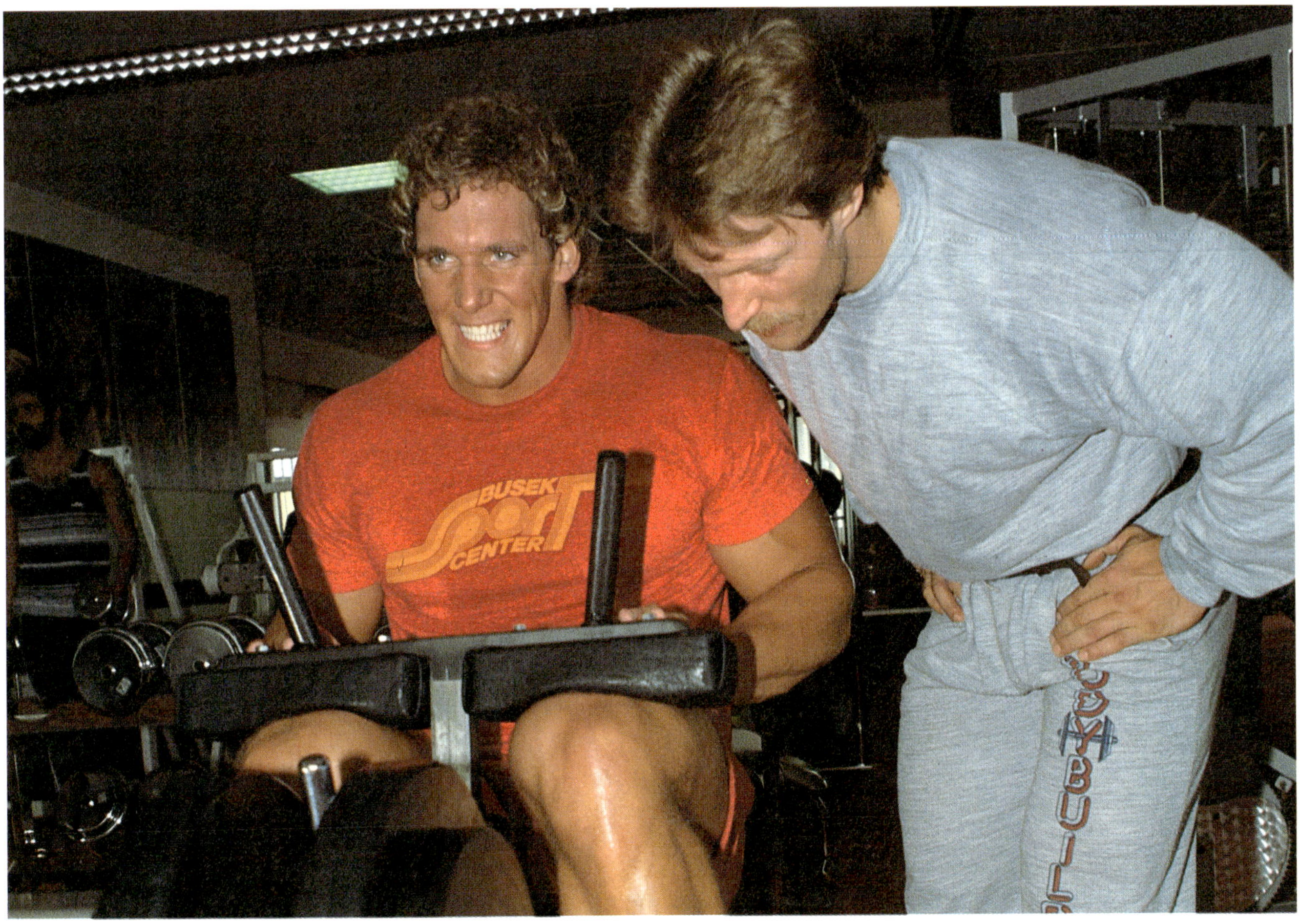
BUSEK
Sport
CENTER

Geschichte und Voraus-setzungen

Ursprung und Sinn

Schon die Bildhauer der klassischen Antike sahen das Schönheitsideal ihrer Zeit in einem wohlgeformten, muskulösen Körper. Die Modelle für viele Skulpturen aus der Zeit der griechischen Klassik waren gut durchtrainierte Athleten. Aufschluß über das Schönheitsideal einer späteren, von der Antike beeinflußten Epoche, der Renaissance, geben auch die Arbeiten und Studien von Leonardo da Vinci und seinen Schülern über die Anatomie des menschlichen Körpers. Sie, wie auch Michelangelo, hatten eine Vorliebe für athletische Modelle.

Längere Zeit geriet dann das Ideal des muskulösen, kräftigen und gesunden Körpers in Vergessenheit. Erst in der zweiten Hälfte des 19. Jahrhunderts lebte es wieder auf. Kraft und Muskeln wurden von dieser Körperbewegung aber nicht als Voraussetzungen für Kampf oder Box- und Ringsport, sondern als Zweck für sich, als Verherrlichung des harmonisch entwickelten Körpers betrachtet.

Männer der ersten Stunde, die sich öffentlich bewundern ließen, wobei sie auch Kraftübungen zeigten, waren Eugene Sandow, George Hackenschmidt, Hermann Goerner und viele andere. Wie viele, zuerst ausgefallen wirkende, Sportarten wurde auch das Bodybuilding in den USA mit Begeisterung betrieben. Hier fand auch 1903 so etwas wie ein erster Wettkampf statt, bei dem der „bestgebaute Mann Amerikas" (der „Mister USA") gekürt wurde.

In den 30er Jahren entwickelte sich dann das eigentliche Bodybuilding, mit Hantel- und Maschinentraining und gymnastischen Übungen. 1940 gab es in Amerika den ersten richtigen Wettkampf. Organisationen wurden gegründet, und in den 70er Jahren entstand schließlich die IFBB, die International Federation of Bodybuilders, heute einer der größten Sportverbände der Welt.

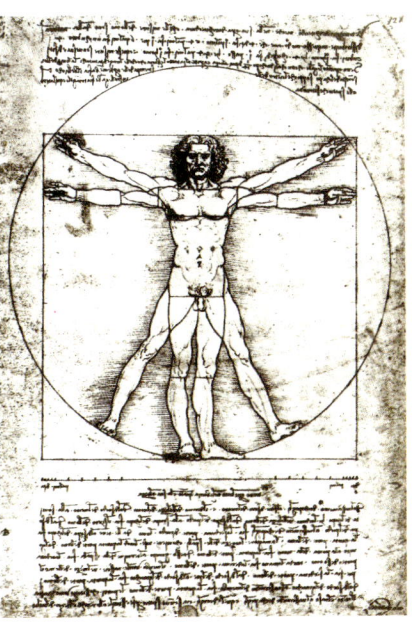

Auch in vergangenen Zeiten hatten die
Menschen eine Vorliebe für athletische
Körper.
S. 32: Der Farnesische Herkules von
Glykon (1. Jh. v. Chr.)
Oben links: Der gefesselte Sklave von
Michelangelo (1475−1564)
Oben rechts: Herkules, antike Mar-
morstatue (Künstler unbekannt)
Mitte rechts: Proportionszeichnung
von Leonardo da Vinci (1452−1519)
Unten links: Ankündigungsplakat für
einen Athleten (Farblithographie, 1899)

Die Muskeln

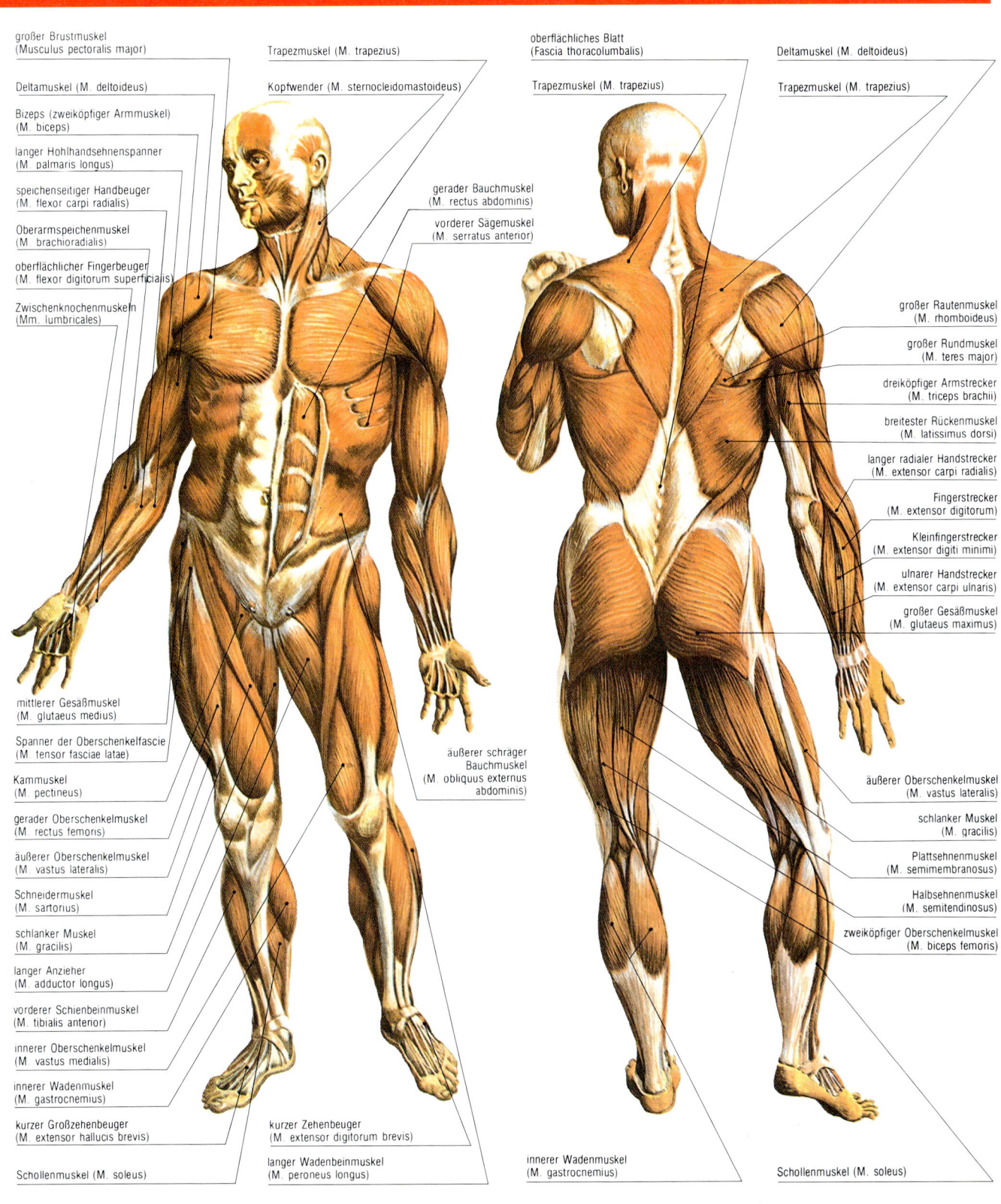

großer Brustmuskel
(Musculus pectoralis major)

Deltamuskel (M. deltoideus)

Bizeps (zweiköpfiger Armmuskel)
(M. biceps)

langer Hohlhandsehnenspanner
(M. palmaris longus)

speichenseitiger Handbeuger
(M. flexor carpi radialis)

Oberarmspeichenmuskel
(M. brachioradialis)

oberflächlicher Fingerbeuger
(M. flexor digitorum superficialis)

Zwischenknochenmuskeln
(Mm. lumbricales)

mittlerer Gesäßmuskel
(M. glutaeus medius)

Spanner der Oberschenkelfascie
(M. tensor fasciae latae)

Kammuskel
(M. pectineus)

gerader Oberschenkelmuskel
(M. rectus femoris)

äußerer Oberschenkelmuskel
(M. vastus lateralis)

Schneidermuskel
(M. sartorius)

schlanker Muskel
(M. gracilis)

langer Anzieher
(M. adductor longus)

vorderer Schienbeinmuskel
(M. tibialis anterior)

innerer Oberschenkelmuskel
(M. vastus medialis)

innerer Wadenmuskel
(M. gastrocnemius)

kurzer Großzehenbeuger
(M. extensor hallucis brevis)

Schollenmuskel (M. soleus)

Trapezmuskel (M. trapezius)

Kopfwender (M. sternocleidomastoideus)

gerader Bauchmuskel
(M. rectus abdominis)

vorderer Sägemuskel
(M. serratus anterior)

äußerer schräger
Bauchmuskel
(M. obliquus externus
abdominis)

kurzer Zehenbeuger
(M. extensor digitorum brevis)

langer Wadenbeinmuskel
(M. peroneus longus)

oberflächliches Blatt
(Fascia thoracolumbalis)

Trapezmuskel (M. trapezius)

Deltamuskel (M. deltoideus)

Trapezmuskel (M. trapezius)

großer Rautenmuskel
(M. rhomboideus)

großer Rundmuskel
(M. teres major)

dreiköpfiger Armstrecker
(M. triceps brachii)

breitester Rückenmuskel
(M. latissimus dorsi)

langer radialer Handstrecker
(M. extensor carpi radialis)

Fingerstrecker
(M. extensor digitorum)

Kleinfingerstrecker
(M. extensor digiti minimi)

ulnarer Handstrecker
(M. extensor carpi ulnaris)

großer Gesäßmuskel
(M. glutaeus maximus)

äußerer Oberschenkelmuskel
(M. vastus lateralis)

schlanker Muskel
(M. gracilis)

Plattsehnenmuskel
(M. semimembranosus)

Halbsehnenmuskel
(M. semitendinosus)

zweiköpfiger Oberschenkelmuskel
(M. biceps femoris)

innerer Wadenmuskel
(M. gastrocnemius)

Schollenmuskel (M. soleus)

Während die vielen Fitneß- und Freizeitsportler mit dem Bodybuilding ein hervorragendes körperliches Training gefunden haben, sehen sich die heutigen Spitzensportler des Bodybuilding, die Wettkampfathleten, oft dem Spott und der Kritik breiter Bevölkerungsschichten ausgesetzt, da sie mit ihrem Muskeltraining meist die Grenzen des allgemeinen ästhetischen Empfindens überschreiten.

Die Freunde des Bodybuildingsports haben sicher den nötigen Humor und auch Verständnis dafür, denn wie so vieles, ist auch das ästhetische Empfinden letztendlich eine Frage des persönlichen Geschmacks. Dankbare Objekte für Karikaturisten sind ebenso sicher die wohlbeleibten Gewichtheber, Fußballerbeine, der Tennisarm oder die Boxernase. Kein Verständnis kann man dagegen aufbringen,

wenn Bodybuildingathleten, die ihren Sport ernsthaft betreiben und für einen Wettkampfsieg hart an sich arbeiten müssen, als „hirnlose Gorillas" durch den Kakao gezogen werden und man ihnen sogar die Anerkennung als Sportler verweigert. Erfreulicherweise sind dies Ausnahmeerscheinungen und Bodybuilding ist auf dem besten Wege, ein beliebter Breitensport zu werden.

In der Bundesrepublik Deutschland existieren heute etwa 5 000 Bodybuilding- und Fitneßstudios mit ungefähr viereinhalb Millionen Mitgliedern. Dazu gehören in erster Linie die aktiven Bodybuilder, die man aufgrund ihres Trainingsvolumens eigentlich schon zur Gruppe der Leistungssportler zählen muß. Sie trainieren vier- bis fünfmal in der Woche jeweils zwei bis drei Stunden und nehmen zum großen

Teil an regionalen oder überregionalen Wettkämpfen und Meisterschaften teil.

Eine weitere, mit geschätzten fünf Millionen sehr große Gruppe besucht Fitneßstudios zwar nur sporadisch, nimmt aber deshalb ihr persönliches Programm nicht weniger ernst. Im Vordergrund steht hier meistens das Streben nach allgemeiner körperlicher Gesundheit, die Beibehaltung oder das Erreichen des Idealgewichtes und eine insgesamt attraktive Figur.

Bodybuilding ist eine ideale Methode, gezielt bestimmte Körperpartien zu trainieren. In beiden Interessengruppen sind die Damen stark vertreten. Darüber hinaus gibt es auch einen großen Kreis von Menschen, die sich die orthopädische Heilwirkung bestimmter Bodybuildingübungen zunutze machen und im Rahmen einer Thera-

pie ein- oder zweimal in der Woche zum Training gehen.

Auch für den Behindertensport können die Trainingsmaschinen der Fitneßstudios eingesetzt werden. Bestimmte Muskelgruppen, die aufgrund einer körperlichen Behinderung besonders kräftig sein sollen, können durch die richtigen Übungen belastet werden. Dieses Training verhilft dem behinderten Menschen nicht nur zu einer größeren Leistungsfähigkeit, sondern auch zu einem schönen Freizeitsport in einer Gemeinschaft von Behinderten und Nicht-Behinderten. Nicht zuletzt ist Bodybuilding wegen der geringen Verletzungsgefahr auch für ältere Menschen geeignet, eine individuell optimale Körperkonstitution zu erhalten. Je älter man wird, desto wichtiger ist es, etwas für die Kondition zu tun.

Insgesamt hat Bodybuilding auf internationaler Ebene mehr und mehr an Bedeutung gewonnen. Dies drückt sich nicht zuletzt in der Existenz von drei Bodybuildingverbänden aus, von denen einer mit 132 nationalen Mitgliederverbänden Weltgeltung erlangt hat. Er selbst ist wiederum Mitglied der Internationalen Föderation der Sportverbände und der ‚World Games'. Die deutsche Sektion dieses Verbandes ist die IFBB-Germany, eine Union der Betreiber von Fitneßstudios in unserem Land.

Der deutsche Verband der Bodybuilder hat sich inzwischen noch vor den Vereinigten Staaten zum führenden Verband auf der Welt entwickelt, was besonders durch die 1985 und 1986 errungenen Weltmeisterschaftstitel, sowohl bei den Damen als auch bei den Herren, zum Ausdruck kommt.

Die Bedeutung des Bodybuilding kann aber auch an der Zahl der Fachzeitschriften abgelesen werden, wobei hier als wichtigste die ‚Sportrevue', ‚Sport & Fitness' und ‚Flex' zu nennen sind. International gestaltet sich die Situation ähnlich, denn jedes Mitgliedsland der IFBB verfügt ebenfalls über eigene Zeitschriften, die teilweise in Lizenz von amerikanischen Großzeitschriften herausgegeben werden.

Der Anfang

Für Schlagzeilen im Bodybuildingsport sorgen nur einige wenige Topathleten. Nur etwa ein Prozent aller Menschen, die Bodybuilding betreiben, wollen auch an Wettkämpfen teilnehmen. Die restlichen 99 Prozent kommen aus ganz anderen Gründen in die Studios. Sie wollen sich mit Hilfe der sehr wirkungsvollen Übungen am Gerät fit halten, ihre Figur verbessern oder im Alltag vernachlässigte Muskelpartien stärken und straffen.

Daß diese Ziele durch ein vernünftiges Bodybuildingtraining zu erreichen sind, steht zweifellos fest. Nicht nur das Aussehen wird beeinflußt, man wird auch leistungsfähiger, belastbarer, stärkt Herz und Kreislauf. Wenn man regelmäßig beim Training den „inneren Schweinehund" überwindet, fällt es leichter, schwierige Alltagsprobleme zu bewältigen, und man läßt sich nicht so schnell unterkriegen. Wichtig ist allerdings die richtige und fachmännische Anleitung beim Training. Denn der Anfänger steht dem Studio-Angebot zunächst hilflos gegenüber.

Jeder Neuling sollte sich von einem ausgebildeten Trainer beraten und betreuen lassen. Bevor ein Trainer ein individuelles Programm zusammenstellt, erkundigt er sich danach,

was der einzelne mit dem Training bezwecken will. Voraussetzung für eine sinnvolle Trainingsberatung ist ein klärendes Gespräch über Gesundheit, Fitneßzustand, körperliche Stärken und Schwächen. Dadurch können alle Körperpartien angemessen trainiert werden, das heißt, die schwachen, weniger beanspruchten Muskeln werden bei den Übungen entsprechend intensiver berücksichtigt.

Der Trainer achtet darauf, daß das Trainingsprogramm nicht einseitig ist, die Übungen korrekt ausgeführt werden und die richtigen Gewichte aufliegen.

Wie kann der Anfänger denn erkennen, ob das von ihm ausgewählte Fitneßstudio auch qualifiziert genug ist, um die richtigen Trainingsanleitungen zu geben?

Erkundigen Sie sich nach einem IFBB-Studio in Ihrer Umgebung. Diese Studios werden vom Verband des DBKV e. V. (Deutscher Bodybuilding- und Kraftsport-Verband) genauestens überprüft. Dabei kommt es in erster Linie darauf an, daß von der IFBB ausgebildete Trainer im Studio tätig sind. Aber auch die Auswahl der Übungsgeräte und ihre Beschaffenheit werden ebenso überprüft, wie die sanitären Einrichtungen.

Vom 15. bis zum 70. Lebensjahr kann jeder Bodybuilding betreiben. Bei den Jugendlichen ist es besonders wichtig, ein maßgeschneidertes Trainingsprogramm durchzuführen, da sich der Körper noch im Wachstum befindet. Also niemals mit zu schweren Gewichten Übungen ausführen.

Auch wenn man sportlich nicht vorbelastet ist, kann man jederzeit ins Training einsteigen. Haben Sie keine Hemmungen, in ein Fitneßstudio zu gehen. Sie werden dort sicher viele Gleichgesinnte und -gebaute antreffen, die nicht unbedingt auf einen Mr.-Universum-Titel hintrainieren. Auch von den Hochleistungsathleten werden Sie sicher freundlich aufgenommen, denn allein schon Ihr Wille, etwas für Ihren Körper zu tun, findet in der Bodybuilding- und Fitneßgemeinschaft große Anerkennung.

Die Brust

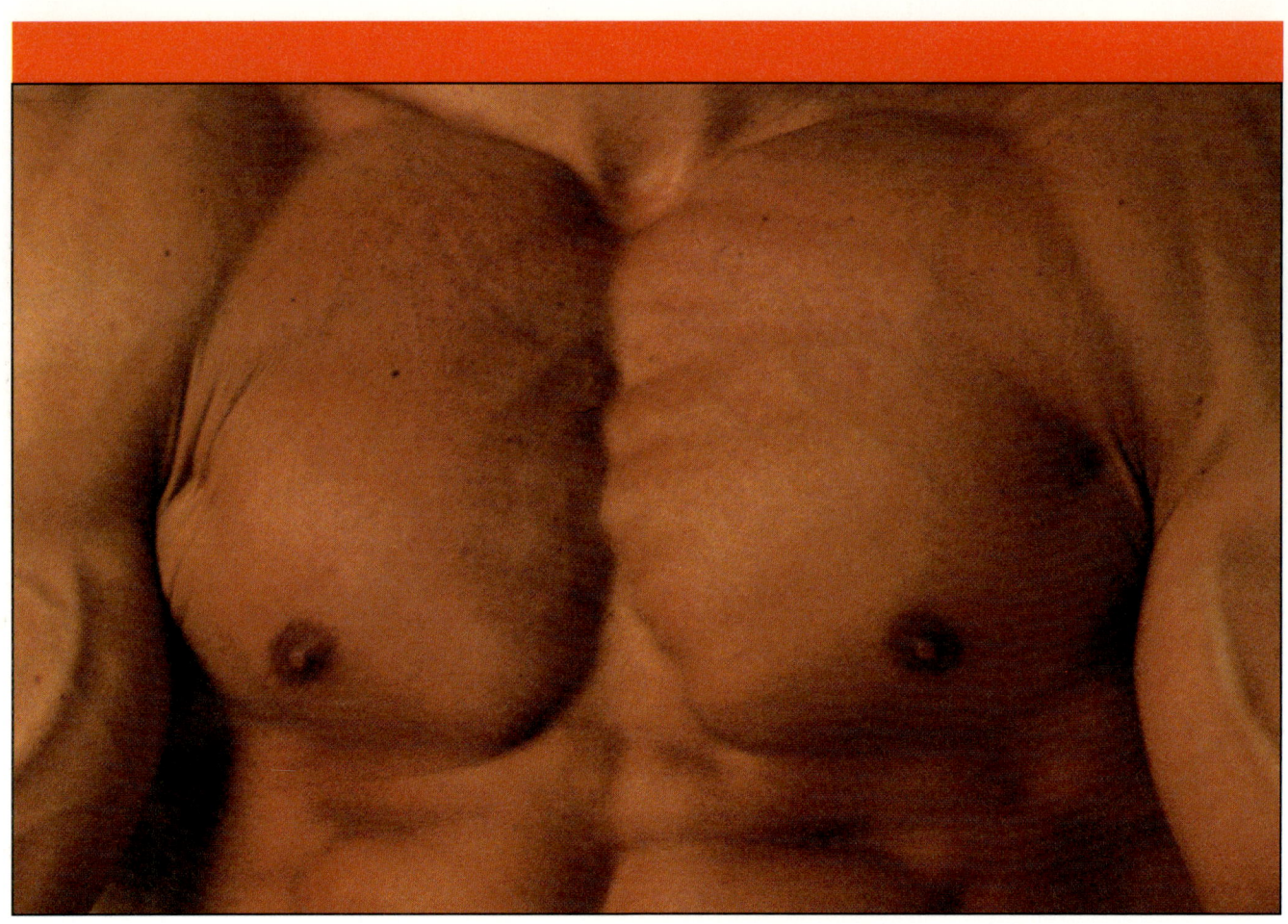

Training und Übungen

Die Brustmuskulatur zählt zweifellos zu den Hauptmuskelgruppen. Besonders Wettkampfathleten müssen diese Muskelpartie mit verschiedenen Übungen ständig trainieren. Aufgrund meiner Größe und breitflächigen Brust hatte ich am Anfang besondere Schwierigkeiten, hier die richtige Muskelmasse zu entwickeln. Eine der wichtigsten Übungen für den unteren und mittleren Brustbereich war daher für mich das Bankdrücken, bei dem meine spätere Höchstleistung bei 240 Kilogramm lag. Wenn man bedenkt, welchen Hebel ich dabei aufgrund meiner Körpergröße habe, weiß man, was es bedeutet, dieses Gewicht zu drücken. Beim Brusttraining sollte man nie vergessen, daß man einen Teil der Schultermuskulatur und auch den Trizepsmuskel mittrainiert. Deshalb sieht eines meiner vier Trainingsprogramme so aus, daß man beispielsweise nach der Hauptmuskelgruppe Brust den Bizeps trainiert, da dieser ja noch nicht beansprucht wurde. Für den oberen Bereich der Brustmuskulatur empfehle ich das Schrägbankdrücken mit Lang- beziehungsweise Kurzhanteln. Auch die Multipress eignet sich hervorragend für diesen Muskelbereich. Für die Teilung der Brustmuskulatur sowohl im inneren als auch im äußeren Bereich gibt es nichts Besseres als die fliegende Übung mit Kurzhanteln. Abrunden kann man das Programm mit den Überzügen. Hierbei kann man entweder mit einer Lang- oder einer Kurzhantel arbeiten. Zu achten ist darauf, daß bei den Überzügen der Kopf auf der Bank aufliegt, weil dann besonders die innere und obere Brustpartie beansprucht werden. Vier Wochen vor dem Wettkampf baue ich dann noch das beidarmige Kabelziehen in das Programm ein.

Langhantel-Bankdrücken frei

Das Langhantel-Bankdrücken ist eine hervorragende Übung für die Muskelmasse. Fassen Sie die Stange etwas mehr als schulterbreit. Beim Herunterlassen der Langhantel wird eingeatmet. Die Hantelstange muß dabei die Brust berühren. Beim Herausdrücken wird ausgeatmet. Man kann diese Übung jedoch auch am Mehrzweckturm ausführen. Sie ist gut für Anfänger geeignet, da man mit Hilfe der Brustmaschine besser in den Ablauf der Übung hineinfindet. Auch hierbei belasten wir zusätzlich Schulter und Trizeps.

Kurzhantel-Bankdrücken frei

Der Bewegungsablauf beim Kurzhanteldrücken gleicht dem der Langhantelübung, wobei die Schulter nicht so sehr belastet wird und man einen größeren Bewegungsradius beim Herunterlassen hat. Auch hier gilt: Einatmen beim Herunterlassen, ausatmen beim Hochdrükken.

Fliegende Bewegung im Liegen

Hier sehen wir eine Übung für die Teilung der Brustmuskulatur im äußeren und inneren Bereich. Die Arme sind genau wie die Beine etwas angewinkelt. Beim Herunterlassen der Arme hebt sich der Kopf leicht und die Schenkel bewegen sich etwas auf den Kopf zu. Wiederum: Einatmen beim Herunterlassen, ausatmen bei der Aufwärtsbewegung.

_____ **Mein Tip** _____

Bevor man ein Fitneßstudio auswählt, sollte man ein Probetraining machen. Ganz wichtig sind die Atmosphäre, die Betreuung durch geschultes Fachpersonal und die Vielseitigkeit der Trainingsmöglichkeiten.

Kabelziehen

Das Kabelziehen ist eine Übung, die ausschließlich zur Ausbildung der Muskelschärfe dient. Ich baue sie in den letzten Wochen vor dem Wettkampf in mein Training ein. Wichtig ist hierbei der feste und sichere Stand. Der Rücken muß durchgedrückt sein, der Oberkörper ist leicht nach vorn gebeugt. Die Arme sind etwas angewinkelt. Beim Zusammendrücken wird ausgeatmet, beim Auseinandergehen der Arme eingeatmet. Die Beine können ruhig etwas gebeugt sein.

Schrägbankdrücken an Möllers Multipress

Hier sehen wir eine Übung für die obere Brustpartie. Sie ähnelt in ihrem Ablauf dem freien Schrägbankdrücken mit der Langhantel. Der Vorteil der Maschine ist, daß neben dieser Übung weitere 11 Übungen ausgeführt werden können: Bankdrücken für die Brust, Drükken für die Schultermuskulatur vorn und hinten, vorgebeugtes Langhantelrudern, Kniebeuge vorn und hinten, Wadenübung, Ausfallschritt, enges Trizepsdrücken, Bizepstraining und Unterarmtraining.

Langhanteldrücken an der Multipress

Auch diese Übung ist für die Ausbildung der oberen Brustmuskulatur bestens geeignet. Ich empfehle Anfängern die Multipress, da der Ablauf der Übung durch die Maschine unterstützt wird. Wieder gilt: Beim Herunterlassen einatmen und beim Hochdrücken ausatmen.

Kurzhantel-Überzug

Der Kurzhantel-Überzug ist gut geeignet, um den Brustkorb zu vergrößern und die innere Brustmuskulatur zu kräftigen. Die Arme sind leicht angewinkelt, der Kopf sollte nicht herunterhängen, sondern auf der Bank liegenbleiben, damit die Übung nicht zum Rückentraining wird. Eingeatmet wird beim Herunterlassen, ausgeatmet bei der Aufwärtsbewegung.

Butterfly im Sitzen

Diese Übung eignet sich sehr gut für die Teilung der Brustmuskulatur. Eingeatmet wird beim Dehnen und ausgeatmet beim Zusammendrükken. Eine gute Übung für Anfänger, da der Ablauf durch die Maschine vorgeschrieben ist und man deshalb keinen Fehler machen kann.

Dips

Die Dips sind eine gute Übung nach dem Brusttraining, da sie die Brustmuskulatur als Ganzes belasten. Auch der äußere Bereich der unteren Brustmuskulatur wird mitbelastet. Zur Atmung: Einatmen beim Heruntergehen und ausatmen beim Hochdrücken.

———— *Mein Tip* ————

Für einen wettkampforientierten Bodybuilder ist es wichtig, sich einen Partner auszusuchen, bei dem diejenigen Muskelgruppen stärker ausgebildet sind, bei denen man selbst seine Schwächen hat.

Langhantel-Schräg-bankdrücken

Hier haben wir eine Übung für die obere Brustmuskulatur. Wir fassen die Hantelstange etwas mehr als schulterbreit. Die Bank sollte einen Winkel von 40 Grad haben, um eine zu extreme Belastung der Schultern zu vermeiden. Hinweis für die richtige Atmung: Beim Herunterlassen einatmen, beim Hochdrücken ausatmen. Man kann diese Übung auch mit Kurzhanteln bei gleichem Bewegungsablauf durchführen. Allerdings hat man hierbei mehr Bewegungsfreiheit, und die Brustmuskulatur wird mehr gedehnt. Die Hantelstellung sollte waagerecht sein.

Der Rücken

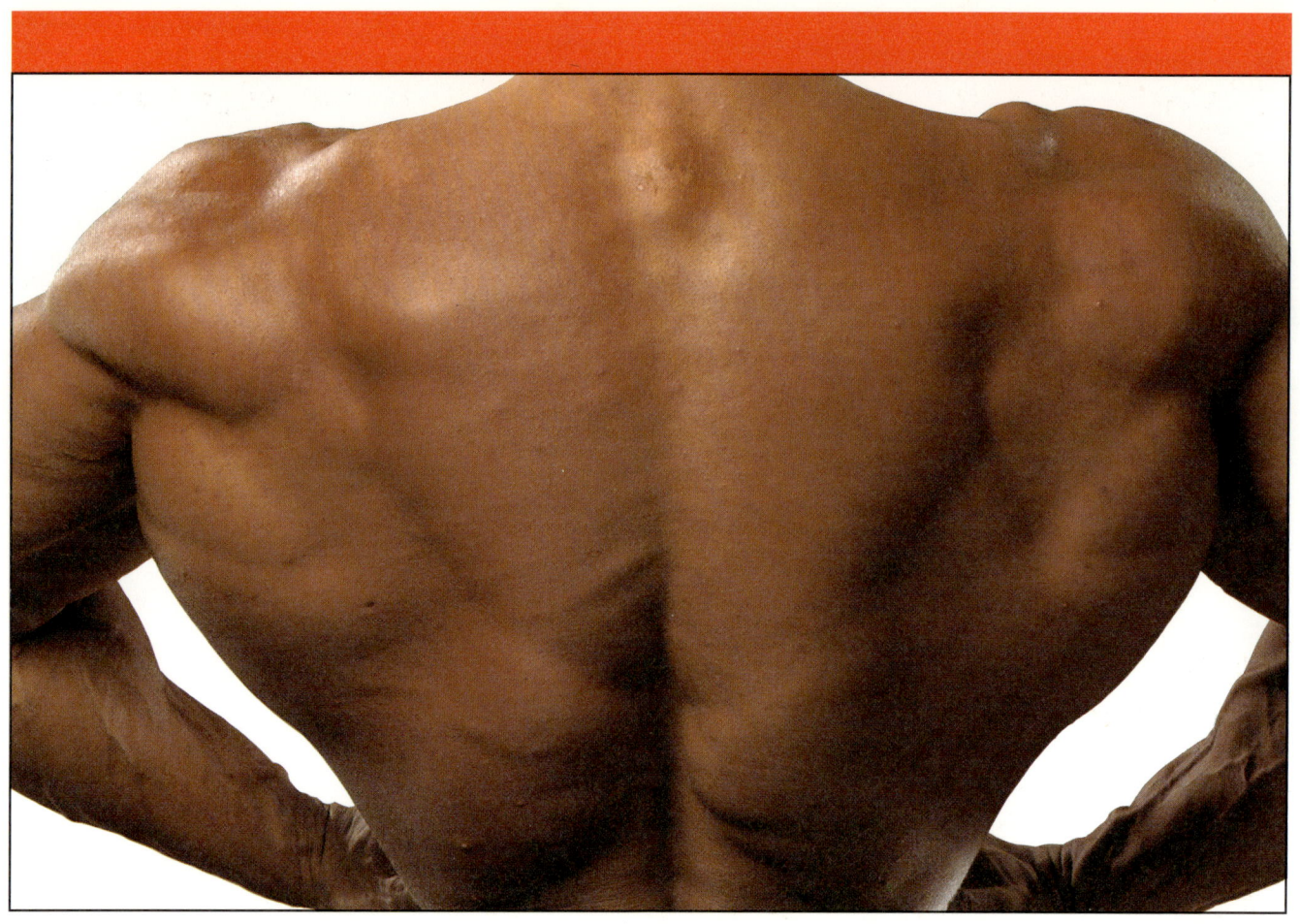

Training und Übungen

Neben Brust und Beinen zählt der Rücken zu den Hauptmuskelgruppen. Besonders für Wettkampfathleten ist es deshalb wichtig, eine dichte Rückenmuskulatur auszubilden, denn diese kann für Niederlage oder Sieg oft entscheidend sein. Bevor man mit dem Rückentraining beginnt, ist es sehr wichtig zu wissen, ob man etwas für die Weite (Breite) des Rückens oder für die Masse des inneren Bereichs tun will. Bei allen Übungen mit weitem Griff beansprucht man nur die innere Partie; bei Übungen mit engem Griff wird der äußere Bereich angesprochen. Eine Übung, die ich immer in mein Trainingsprogramm einbaue, ist das Rudern mit der Kurzhantel. Dabei beugt man den Oberkörper nach vorne und stützt sich, je nach trainierter Seite, mit dem anderen Arm ab. Um die Belastung des äußeren Rückenmuskelbereichs zu erhöhen, geht man leicht in die Knie. Man sollte darauf achten, daß man die Hantel möglichst dicht am Körper vorbeizieht. Besonders für die innere Muskulatur arbeite ich sehr viel mit den Kurzhanteln, da ich beim Hereindrehen der Hanteln die innerste Muskelpartie erreiche. Für den Masseaufbau empfehle ich die Klimmzüge und das Langhantelrudern in Vorbeuge. Eine der wichtigsten Muskelgruppen des Rückens sind die Rückenstrecker, denen aber leider oft zu wenig Bedeutung zugemessen wird, weil sie nicht auf den ersten Blick sichtbar sind. Sie müssen bei den meisten Übungen extreme Belastungen aushalten, zum Beispiel bei der Kniebeuge oder beim Bizepstraining im Stehen. Da viele diese Übungen verfälschen, wird die Belastung noch erhöht. Ich empfehle Anfängern, diese Muskeln auf der Hyperextensionbank zu trainieren und später dann das Kreuzheben.

Klimmzüge vorn

Hier sehen wir eine Übung zur Stärkung der Rückenmuskulatur, speziell für den inneren Bereich. Die Hände fassen die Stange etwas mehr als schulterbreit. Beim Hochziehen wird eingeatmet, beim Herablassen ausgeatmet. Die Beine werden überkreuz angewinkelt. Das Kinn sollte über die Stange gestreckt werden, damit die obere Brustmuskulatur die Stange berührt.

Mein Tip

Nie später als eine Stunde vor dem Training essen! Man wird sonst schneller müde und ist nicht so motiviert.

55

Klimmzüge zum Nacken

Für diese Übung gilt der gleiche Ablauf wie bei den Klimmzügen nach vorn, mit dem Unterschied, daß das Kinn beim Hochziehen den Brustansatz und der Nacken die Stange berührt.

Rudern mit der Langhantel

Auch dies ist eine Übung zur Stärkung der Rückenmuskulatur im inneren Bereich. Der Oberkörper wird nach vorn gebeugt, die Stange beim Hochziehen in Bauchhöhe gebracht. Die Beine werden leicht angewinkelt. Der Kopf muß nach oben gerichtet sein. Eingeatmet wird beim Hochziehen der Hantel, ausgeatmet beim Herunterlassen.

―――― *Mein Tip* ――――

Einen Gewichthebergürtel sollte man immer dann verwenden, wenn man mit relativ schweren Gewichten und freistehend trainiert.

Rudern mit Kurzhanteln

Das Rudern mit den Kurzhanteln ist eine Übung für die Weite des Rükkens, also die äußere Rückenpartie. Um einen besseren Halt zu haben, sollte man seine Position seitlich zur Bank einnehmen. Man stützt sich mit einer Hand auf der Bank ab. Die Beine sind leicht eingeknickt, der Rücken ist durchgedrückt, der Kopf nach oben gerichtet. Mit der freien Hand nimmt man die Hantel und führt sie seitlich am Körper vorbei nach oben. Wichtig ist wieder die richtige Atmung: Einatmen beim Hochziehen, ausatmen beim Herunterlassen.

Kabelziehen im Sitzen: Enggriff

Hier sehen wir eine Übung für die Weite des unteren Rückenbereichs. Der Oberkörper wird nach vorn gebeugt, die Arme sind gestreckt, und wir atmen aus. Beim Aufrichten des Oberkörpers atmen wir ein, winkeln die Arme am Körper an und führen den Griff bis in Bauchhöhe zurück. Der Rücken sollte durchgedrückt sein. Man kann diese Übung auch mit Weitgriff durchführen. Sie wirkt dann auf den Innenbereich der unteren Rückenmuskulatur. Man verwendet dann einen weiten Griff, etwa in Schulterbreite.

Mein Tip

Das Mitzählen der einzelnen Wiederholungen bei den Übungen motiviert den Trainingspartner und spornt ihn zu weiteren Höchstleistungen an.

Kabelziehen
sitzend, beidarmig

Das ist eine Vorübung für Klimmzüge. Hierbei wird wieder der
innere Bereich der Rückenmuskulatur gestärkt. Die Haltung ist
gerade, beim Anziehen des Gewichtes atmen wir ein, beim Herunterlassen atmen wir aus. Das Kabel
kann entweder hinter den Kopf oder
nach vorne zur Brust heruntergezo-
gen werden.

Kurzhantel-Rückentraining stehend vorgebeugt

Dieses Rückentraining bildet die einzelnen Rückenköpfe noch schärfer aus. Beim Herunterlassen der Arme ist der Oberkörper nach vorn gebeugt, der Rücken durchgedrückt, der Kopf aufgerichtet. Dann werden die angewinkelten Arme nach oben bewegt, wobei der Kopf nach unten geht und das Kinn den Brustansatz berührt. Ausgeatmet wird bei herabhängenden Armen, eingeatmet, wenn die Arme oben angewinkelt sind. Die gleiche Übung kann auch sitzend ausgeführt werden. Man sitzt nur halb auf der Bank (mehr Bewegungsfreiheit für die Beine). Der Oberkörper ruht auf den Beinen, der Kopf zeigt nach oben. Die angewinkelten Arme sind nach oben gerichtet, wobei die Hand die Hantel nach außen dreht (Daumen nach unten).

Cable Cross vorgebeugt

Hier handelt es sich um eine Übung für die Definition der Rückenmuskulatur im inneren Bereich. Die Beine sind leicht angewinkelt, der Oberkörper ist mit durchgedrücktem Rücken nach vorn gebeugt, und der Kopf zeigt nach oben. Die leicht angewinkelten Arme werden auf- und abbewegt. Achten Sie auf die Atmung: Einatmen beim Hochgehen der Arme, ausatmen beim Herunterlassen.

Rückenstrecker-training an der Hyperextension-bank

Auch diese Übung eignet sich zur Kräftigung der Rückenstrecker. Der Oberkörper hängt nach unten. Vor dem Aufrichten werden die Hände in den Nacken gelegt, und der Kopf wird hochgereckt. Atmungsregel: Einatmen beim Aufrichten, ausatmen beim Herunterbeugen.

Mein Tip

Die Atmung ist ein wesentlicher Punkt des Trainings. Grundsätzlich kann man davon ausgehen, daß jeweils während der Druck- oder Zugbewegung ausgeatmet wird. Läßt man das Gewicht in die Ausgangsposition zurück, wird eingeatmet. Niemals während einer Übung die Luft anhalten. Der Körper wird dann nicht mit genügend Sauerstoff versorgt, und der Blutdruck kann gefährlich hoch ansteigen.

64

T-Bar-Rudern

Dies ist eine sehr wirkungsvolle
Übung für Muskelmasse und Weite
des Rückens. Hierbei stellen wir
uns auf, als ob wir einen Startsprung
ausführen wollten. Das heißt, die
Beine werden leicht eingeknickt,
das Kreuz durchgedrückt und der
Kopf ist aufgerichtet. Beim Hochziehen müssen Sie den Kopf nach vorn
neigen. Die Ellenbogen sollten
möglichst dicht am Körper vorbei-
geführt werden. Nicht die richtige
Atmung vergessen: Einatmen beim
Hochziehen des Gewichtes, ausatmen beim Herunterlassen. Das
T-Bar-Rudern auf der Schrägbank
ähnelt der oben beschriebenen
Übung. Nur belasten wir hierbei den
inneren Rückenbereich, indem man
die Griffhaltung variiert.

Kreuzheben

Das Kreuzheben trägt zur Kräftigung der Rückenstrecker bei. Die Langhantel wird etwas mehr als schulterbreit gefaßt, wobei die linke Handfläche nach innen und die rechte nach außen zeigt. Die Beine werden leicht angewinkelt, das Kreuz ist durchgedrückt und der Kopf nach oben gerichtet. Die Arme bleiben durchgestreckt und der Oberkörper aufgerichtet. Eingeatmet wird beim Aufrichten des Oberkörpers, ausgeatmet beim Beugen.

Die Beine

Training und Übungen

Wie Brust und Rücken haben die Beine einen großen Anteil an der Gesamtmuskulatur des Körpers. Besonders die Wettkampfathleten, bei denen die Harmonie eine wichtige Rolle spielt, sollten die Beine durch möglichst viele Übungen trainieren. Die Beine sollen nicht nur rund und dick sein, sondern auch Formen und Muskelschärfe zeigen. Besonders der Anfänger vernachlässigt diese Muskelgruppe, weil er glaubt, daß Brust und Arme für sein Aussehen wichtiger sind. Große Menschen tun sich beim Training der Beine besonders schwer. Es dauert wesentlich länger, bis sie zu einem sichtbaren Erfolg kommen. Ich kann bei meiner Körpergröße aus Erfahrung sprechen: Es ist tatsächlich sehr schwer, dort Muskelmasse anzutrainieren. Die wichtigste Übung dafür ist die Kniebeuge, bei der allerdings sehr viele Fehler gemacht werden. Da Herz und Kreislauf besonders in Anspruch genommen werden, muß man für genügende Sauerstoffzufuhr (zum Beispiel durch Öffnen eines Fensters) sorgen. Beim Ausführen der Übung muß man darauf achten, daß der Kopf aufrecht bleibt, der Blick also nach oben gerichtet ist, damit der Rücken gerade gehalten werden kann. Hat man eine massive und definierte Beinmuskulatur entwickelt, die zum Oberkörper paßt, zählt man bei einem Wettkampf schon zum engeren Gewinnerkreis.

Langhantel-Kniebeuge hinten

Die Kniebeuge mit der Langhantel ist eine wichtige Übung für Muskelmasse am Oberschenkel. Gleichzeitig stützt sie Herz und Kreislauf, wobei sie dieses System auch extrem belastet. Achten Sie bitte darauf, daß die Beine schulterbreit stehen und die Füße leicht nach außen zeigen. Beim Hinuntergehen den Rücken gerade halten und einatmen, beim Hochgehen ausatmen. Auch das Gesäß wird bei dieser Übung gestärkt.

Im Gegensatz zur Kniebeuge mit der Langhantel nach hinten ist bei der Übung mit der Langhantel vorne zu beachten, daß die Arme überkreuz gelegt werden, damit man die Hantel besser halten kann. Anfänger sollten sich eine zwei bis drei Zentimeter starke Holzplatte oder Hantelscheibe unter die Fersen legen, damit sie beim Hinuntergehen das Gleichgewicht nicht verlieren.

Mein Tip

Schwungvolle Musik kann zu einem wesentlich harmonischeren Trainingsablauf beitragen.

Beinpresse schräg

Diese Übung dient sowohl dem Training des Beinbizeps als auch der Innenseite des Oberschenkels. Die Füße sollten leicht nach außen zeigen. Die Oberschenkel sollten den Oberkörper leicht berühren. Beim Herunterlassen wird eingeatmet; ausgeatmet wird beim Hochdrücken. Als „Beinpresse senkrecht" ist die Übung ausschließlich für den Beinbizeps gedacht. Auch hierbei werden die Füße leicht nach außen gedreht. Die Oberschenkel sollten beim Herunterlassen möglichst den Körper leicht berühren.

Beinstrecker

Hier haben wir es mit einer Übung für die Definition (Muskelschärfe) zu tun. Beim Herunterlassen atmen wir ein, beim Strecken atmen wir aus. Die Füße können hier abwechselnd nach innen oder außen gedreht werden, um die verschiedenen Muskeln besser zu teilen.

_____ *Mein Tip* _____

Kniebeuge und Beinpresse verleiten besonders zur Preßatmung und führen damit ebenfalls zu einem Anstieg des Blutdrucks. Bluthochdruckgefährdete sollten in diesem Fall auf Höchstgewichte verzichten und bei Anzeichen von Schwindelgefühl andere Übungen in ihr Programm aufnehmen. Der Anfänger sollte beim Ausführen von Kniebeugen für genügend Frischluft sorgen, weil diese Übung Herz und Kreislauf extrem belastet.
Nach einem anstrengenden Bürotag wirkt sich ein abendliches Training in der Regel jedoch sehr positiv auf das allgemeine Wohlbefinden aus und bringt den Kreislauf wieder in Schwung.

73

Ausfallschritt

Diese Übung ist für die Frauen besonders gut geeignet, weil sie nicht nur die Oberschenkel, sondern auch den Po bestens trainiert. Man stellt sich so auf, als ob man einen guten Schritt nach vorn gehen wollte. Dann geht man in die Knie, atmet ein, zieht das Bein heran und atmet aus. Diese Übung wird abwechselnd mit dem linken oder rechten Bein vorne ausgeführt.

Mein Tip

Durch unterschiedliche Griffweiten wird der trainierte Muskel immer wieder neu gefordert!

74

Hackenschmidt

Diese Übung eignet sich gut für die Schenkelinnenseite und die Oberschenkelköpfe im Kniebereich. Auch hier auf die Atmung achten: Beim Heruntergehen einatmen, beim Hochgehen ausatmen. Denken Sie daran, den Rücken möglichst gerade zu halten.

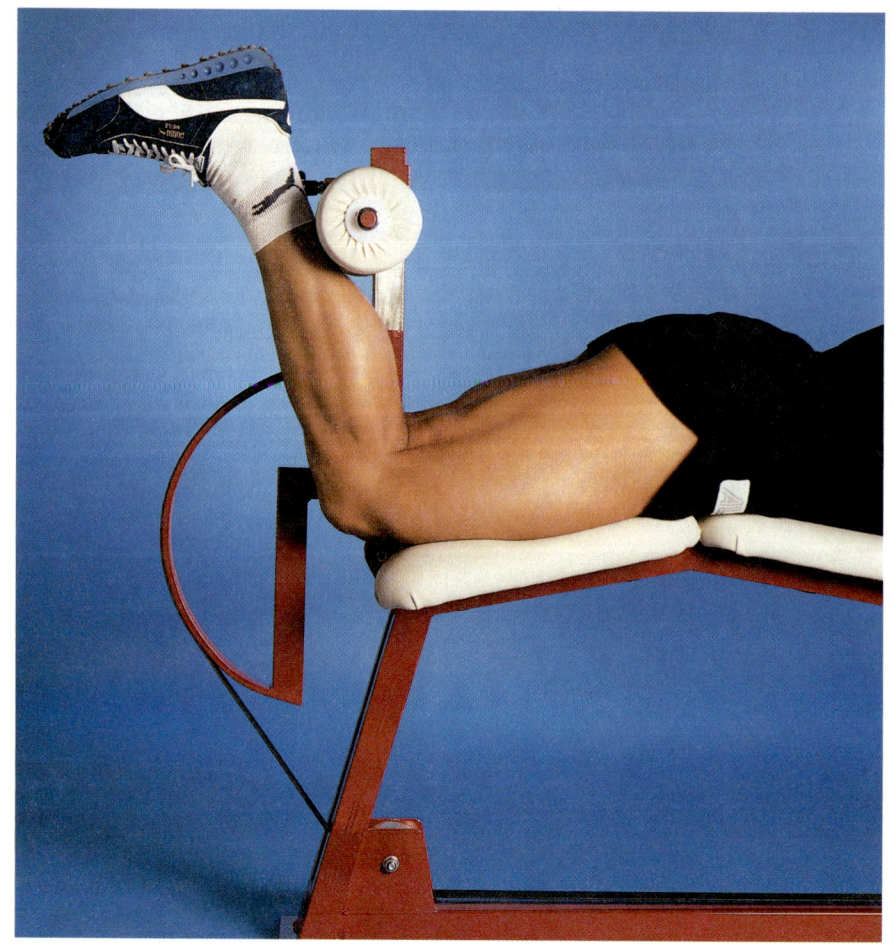

Beinbizepscurl
im Liegen

Mit diesem Curl wird speziell der Beinbizeps trainiert. Die Atmung: Einatmen beim Anbeugen, ausatmen beim Herunterlassen. Der Kopf sollte aufgerichtet sein, damit ein besseres Resultat bei der Übung erzielt wird.

Beinbizepscurl
im Stehen

Dieser Übung liegt der gleiche Ablauf zugrunde wie beim Beincurlen
im Liegen, doch habe ich festge-
stellt, daß der Beinbizeps im Stehen
noch stärker beansprucht wird.

Wadenwippen im Sitzen

Auch das ist eine Übung zur besseren Definition der Wadenmuskulatur, wobei ich hier den Fuß nach innen oder nach außen drehe, um die gesamte Muskulatur richtig zu trainieren.

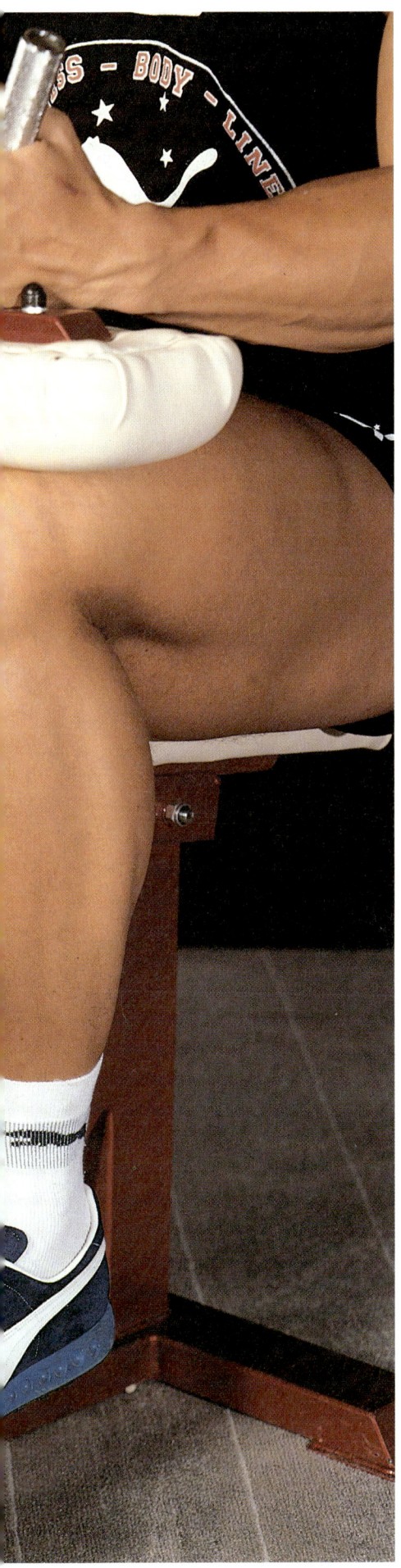

_____ **Mein Tip** _____

Etwa zwei Stunden vor dem Training sollte man mehr Kohlenhydrate als Eiweiß zu sich nehmen.

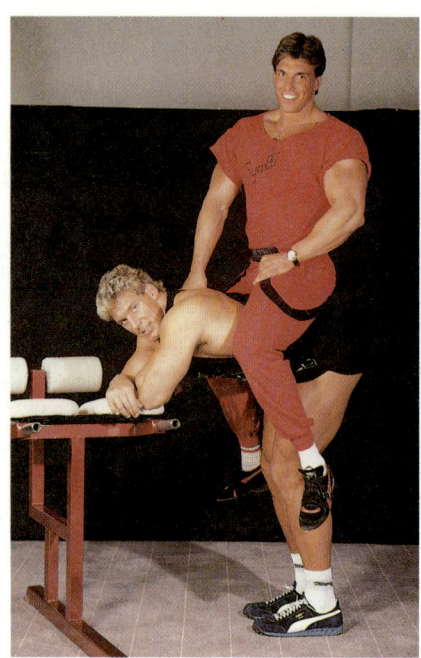

Wadenheben mit Trainingspartnern

Hier sehen Sie eine Übung, die Sie auch ohne Geräte ausführen können. Sie brauchen dazu einen oder zwei Trainingspartner, die sich auf Ihren Rücken setzen. Der Ablauf gleicht den anderen Wadenübungen. Dabei ist es wichtig, daß die Waden möglichst bis zum Äußersten gestreckt werden und der Winkel des Fußballens öfter gewechselt wird, so daß der große Zeh abwechselnd nach innen oder nach außen zeigt. Mein Partner auf der Abbildung ist Alfred Neugebauer aus Wien, der schon seit Jahren an Wettkämpfen teilnimmt und in der Welt zu den Spitzenathleten gezählt werden kann. In Tokio belegte er den vierten Platz.

Wadenheben an der Wadenmaschine

Diese Übung dient dem Aufbau der Masse der Wadenmuskulatur. Sie gleicht im Ablauf dem Wadenwippen im Sitzen. Man steht mit den Fußballen auf dem Trittbrett der Maschine, die Fersen zeigen im gedehnten Zustand nach unten. Beim Hochdrücken ist es äußerst wichtig, daß die Beine durchgedrückt bleiben.

Die Arme

Training und Übungen

Die Armmuskulatur ist für viele ein Symbol der Kraft. Deshalb neigt man auch leicht dazu, diese Muskulatur häufiger zu trainieren, ohne auf die Gesamtharmonie des Körpers zu achten. Ich stelle allzuoft fest, daß beim Armtraining viel zu schwere Gewichte genommen werden, nach dem Motto: „Mehr Eisen, mehr Muskeln." Dabei wird die Übung meist so weit verfälscht, daß die Wirkung fast vollständig ausbleibt. Man sollte nie vergessen, daß der Bizeps ein kleiner Muskel ist, den man nicht wie Brust und Beine trainieren kann. Man sollte die Übungen also möglichst korrekt ausführen. Da die Arme bei vielen Übungen mittrainiert wer-

den, reicht es bei einem drei- bis viermaligen Training pro Woche aus, wenn die Arme einmal gezielt belastet werden. Um Muskelmasse am Oberarm zu bekommen, empfehle ich für den Bizeps den Langhantel-Curl im Stehen und enges Trizepsdrücken mit der Langhantel im Liegen. Um dem Arm die nötige Form zu geben, ist es ratsam, mit Kurzhanteln zu arbeiten. Etwa alle 14 Tage sollte man auch einmal ein spezielles Unterarmtraining in Form des Handgelenkanbeugens mit der Lang- oder Kurzhantel machen. Ansonsten wird der Unterarm beim allgemeinen Armtraining genügend mitbelastet.

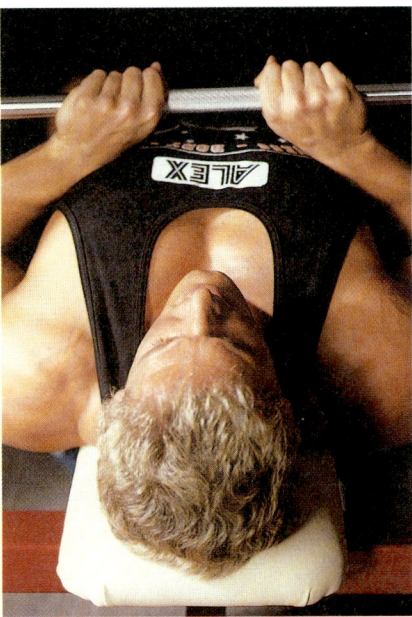

Enges Bankdrücken

Diese Übung dient dem Masseaufbau des Trizeps. Die Hände sollten etwa 15 Zentimeter Abstand voneinander haben. Beim Herunterlassen wird eingeatmet, beim Herausdrücken ausgeatmet.

Trizepsdrücken stehend

Hier sehen wir eine Übung, die dem Masseaufbau des Trizeps dient. Die Oberarme liegen am Oberkörper an, nur die Unterarme bewegen sich auf und ab.

Trizepsübung am Seil vorgebeugt

Das ist eine Übung für die Muskelschärfe des Trizeps. Wichtig ist, daß man den richtigen Stand hat und das Gleichgewicht hält. Regel für die Atmung: Einatmen beim Anbeugen, ausatmen bei der Streckung.

Trizepsübung im Liegen

Diese Übung kann man gut mit einer Langhantel ausführen. Der Kopf sollte dabei etwas nach hinten geneigt sein. Die Arme werden angewinkelt, wobei sich nur der Unterarm auf und ab bewegt. Auch hier gilt wieder: Einatmen beim Herunterlassen, ausatmen beim Strecken. Die Übung kann auch mit einer Zickzackhantel ausgeführt werden, die gelenkintensiver ist.

Mein Tip

Durch Lesen von guten Fachbüchern sollte man immer auf dem Laufenden bleiben.

Trizeps-Kurzhantel-drücken im Sitzen

Das ist eine Übung sowohl für den Masseaufbau als auch für die Muskelschärfe. Wichtig ist, daß man den Rücken durchgedrückt hält. Auch hier bewegt sich wieder nur der Unterarm. Der Oberarm liegt am Kopf an. Das Handgelenk muß steif gehalten werden. Beim Herunterlassen wird eingeatmet und beim Herausdrücken ausgeatmet.

Mein Tip

Hat man eine Übung nicht richtig verstanden, sollte man keine Hemmungen haben, den Trainer zu befragen.

Langhantelcurl im Stehen

Hier handelt es sich um eine Masse-übung für den Bizeps. Die Ober-arme liegen am Körper an, nur die Unterarme bewegen sich auf und ab. Das richtige Atmen: Beim Anbeugen einatmen, beim Her-unterlassen ausatmen. Versuchen Sie, diese Übung möglichst korrekt auszuführen. Arbeiten Sie also nicht allzuviel mit dem Oberkörper.

Kurzhantelcurl im Stehen

Der Kurzhantelcurl im Stehen ist eine Übung für die Muskelschärfe und Höhe des Bizeps. Achten Sie darauf, daß beim Anbeugen der Hantel der kleine Finger nach oben zeigt, das heißt, drehen Sie die Hand leicht.

Kurzhantelcurl im Sitzen

Der Ablauf dieser Übung ist der gleiche wie beim Kurzhantelcurl im Stehen. Sie können sich im Sitzen jedoch besser auf den Ablauf konzentrieren.

Mein Tip

Die Trainingskleidung sollte man so auswählen, daß man den trainierten Muskel beobachten und den Ablauf der Übung besser kontrollieren kann.

Kurz- oder Lang-hantelcurl auf der Scottbank

Dies ist eine Übung für die Muskel-masse, besonders für den Bizepsan-satz. Das richtige Atmen: Beim Her-unterlassen ausatmen, beim Anbeu-gen einatmen. Auch hier werden die Handgelenke möglichst gerade ge-halten. Hängen Sie sich ruhig mit den Achseln auf die Bank, denn so können Sie diese Übung besser aus-führen.

Die Übung mit der Kurzhandel wirkt sich vor allem auf die Defini-tion der Bizepshöhe aus. Oben sollte man die Muskeln zwei bis drei Sekunden angespannt halten und die Hände nach innen drehen, um die Anspannungsintensität zu ver-stärken.

Beide Übungen trainieren auch die Unterarme mit.

―――― *Mein Tip* ――――

Man sollte die Hantel mal enger und mal breiter greifen, um dem Muskel einen neuen Reiz zu geben. Diese Abwechslung steigert den Trai-ningserfolg, und man erreicht schneller eine größere Muskel-masse.

94

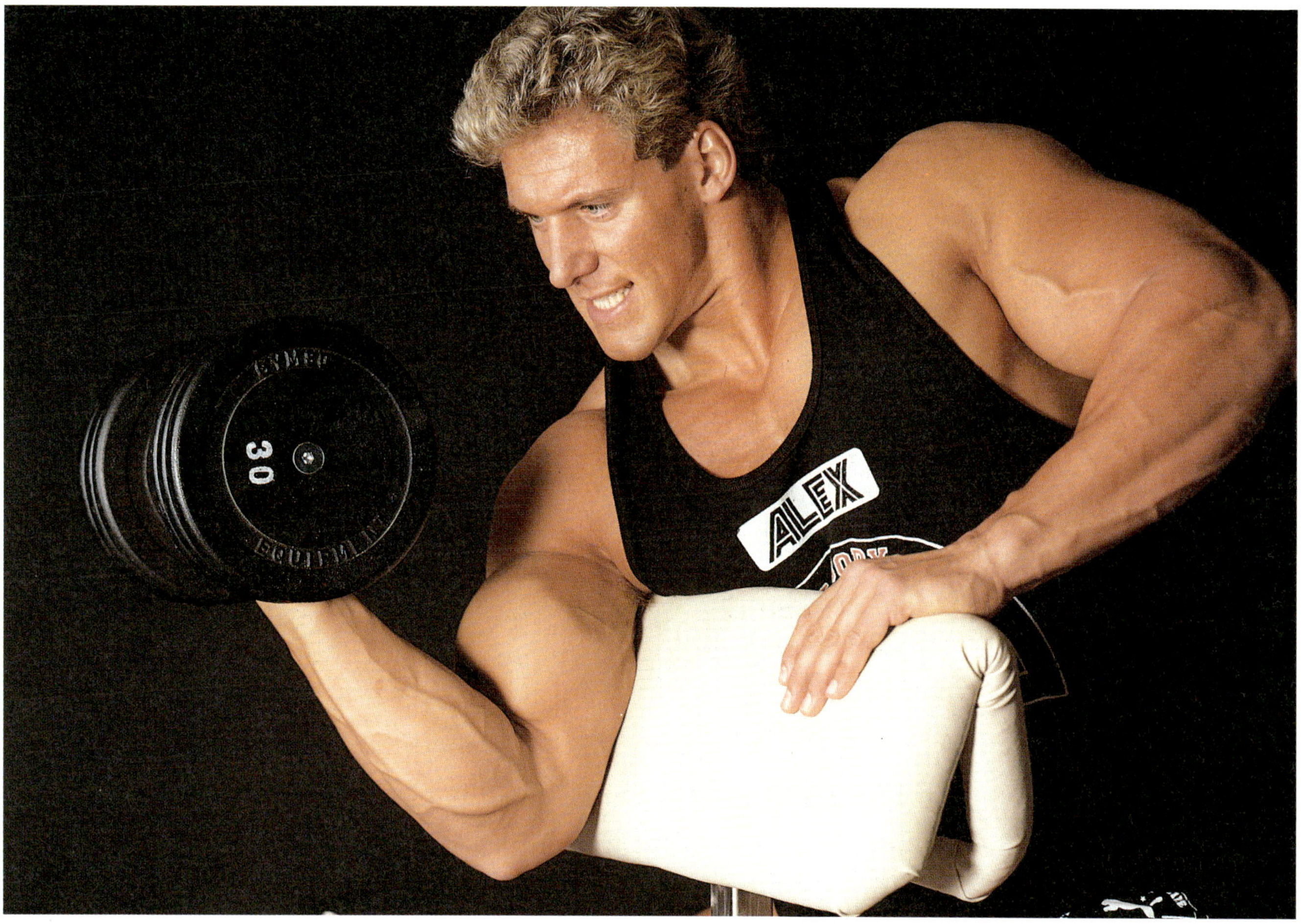
30
ALEX

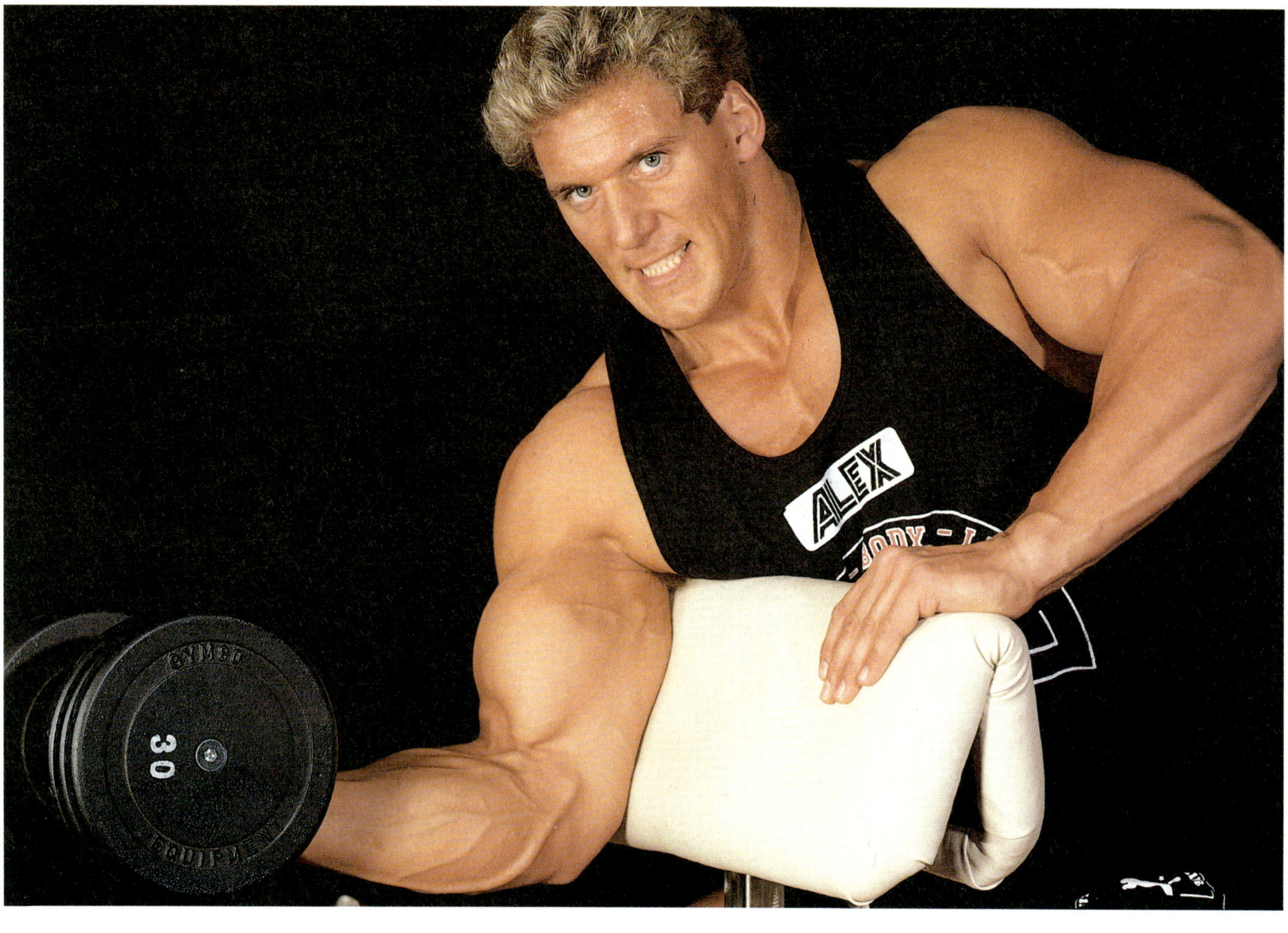
30
ALEX

Konzentrationscurl

Diese Übung für Muskelschärfe und Bizepshöhe nehme ich in den letzten drei Monaten vor einem Wettkampf in mein Trainingsprogramm auf. Der Arm ist zunächst gestreckt, wobei der Oberarm am Schenkel anliegt. Nur der Unterarm bewegt sich auf und ab. Das Handgelenk wird gerade gehalten. Die Atmung: Beim Herunterlassen ausatmen,

beim Anwinkeln einatmen. Man kann diese Übung auch mit einer Armcurlmaschine durchführen. Zur Erreichung einer höheren Intensität und zur Definition des Bizeps kann man mit einem relativ hohen Gewicht anfangen, während ein Partner das Steckgewicht im Verlauf der Wiederholungen zwei- bis dreimal reduziert.

Unterarmtraining mit Langhantel

Diese Übung dient zur Kräftigung des Unterarms. Der Daumen wird um die Hantel gelegt, die Oberarme liegen am Körper an, und die Unterarme bewegen sich beim Einatmen nach oben. Die Handflächen zeigen beim Anbeugen nach außen. Beim Herunterlassen wird ausgeatmet.

Unterarmtraining auf der Bank

Als Alternative zur vorhergehenden Übung nimmt man eine Langhantel, legt den Unterarm aber so auf die Knie, daß sich das Handgelenk frei bewegen kann und man nur die Hand auf- und abbewegt.

Die Schultern

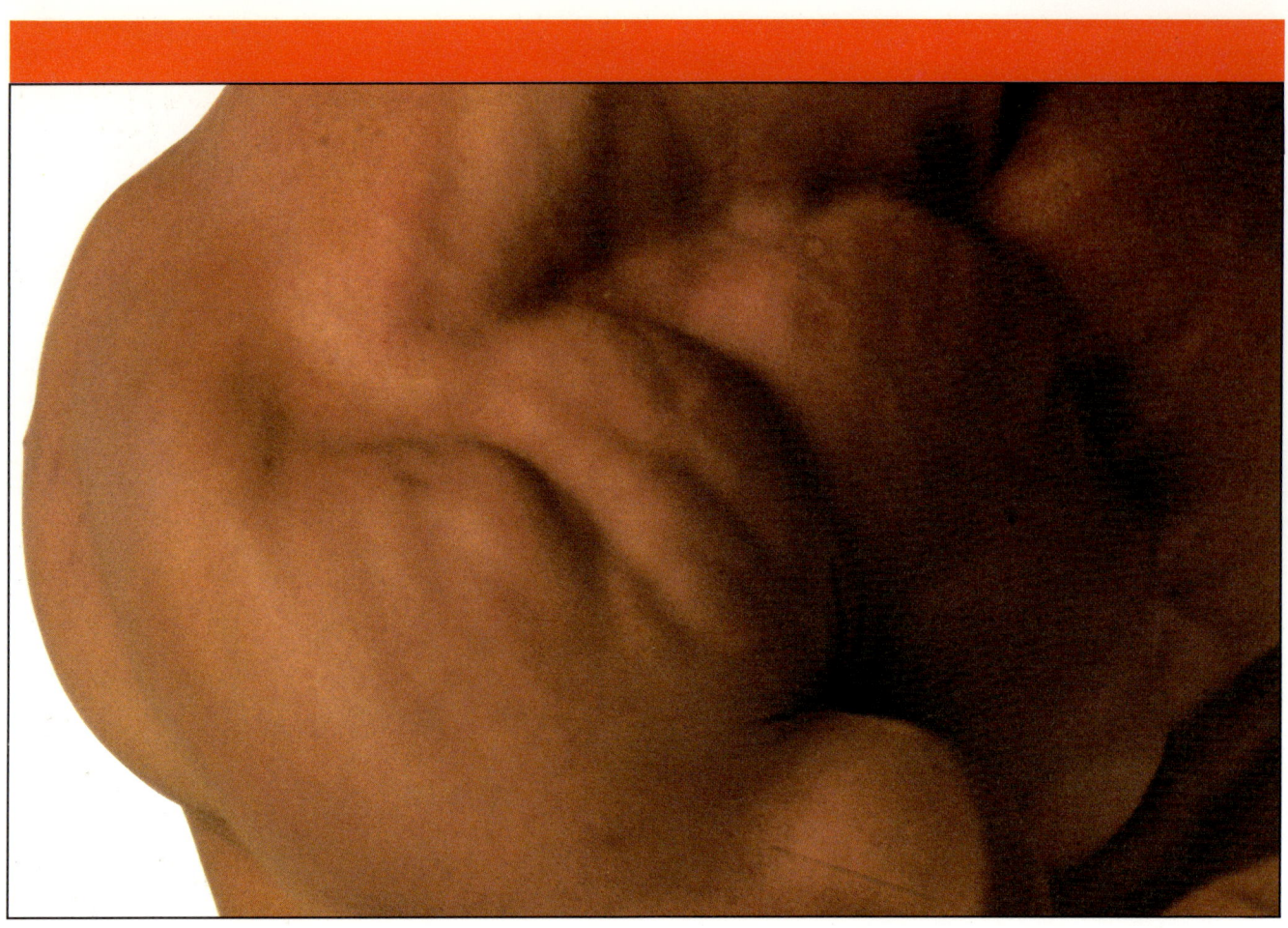

Training und Übungen

Sicher kennen Sie alle den Ausspruch: „Ein Kreuz wie ein Kleiderschrank!" Daß dabei die Schultern die Hauptrolle spielen, wissen wenige. Um Muskelmasse an den Schultern zu bekommen, empfiehlt sich die Arbeit mit Langhanteln, wobei ich hier an das Nacken- und Frontdrücken denke. Um Formen und Einschnitte auszubilden, empfehle ich auch hier wieder das Training mit den Kurzhanteln. Um den Nackenmuskel zu stärken, empfehle ich das Nackenziehen mit der Langhantel. Aller-

dings wird der Nacken auch bei den Drückübungen mitbeansprucht. Da der Schulterbereich sehr anfällig ist – ich denke hier auch an das Bankdrücken –, ist es außerordentlich wichtig, diese Partien mit zwei Übungssätzen aufzuwärmen. Die Wiederholungszahl darf dabei ruhig bei 20 liegen. Besonders Wettkampfathleten, die von Natur aus breite Hüften haben, können durch die extreme Ausbildung der Schultern eine schmale Taille richtiggehend vortäuschen.

Nackendrücken im Sitzen

Hier handelt es sich um eine Übung zur Kräftigung der Schulter- und Nackenmuskulatur. Die Hände fassen die Hantel etwas mehr als schulterbreit. Beim Herunterlassen der Langhantel berührt diese den Nacken leicht, und wir atmen ein. Beim Hochdrücken wird ausgeatmet.

Langhanteldrücken an der Schulter- maschine hinten

Der Ablauf ist hier der gleiche wie beim freien Drücken, jedoch schreibt die Maschine den Bewegungsablauf vor.

Kurzhanteldrücken im Sitzen

Bei dieser Übung wird die gesamte Schultermuskulatur belastet. Beim Herunterlassen atmen wir ein, beim Hochdrücken aus. Durch die Bewegungsfreiheit ist diese Übung besonders auch für die Muskelmasse geeignet.

Mein Tip

Damit Herz und Kreislauf leistungsstark bleiben, ist es gut, ein- oder zweimal in der Woche zu laufen oder Rad zu fahren.

Seitheben im Sitzen

Auch dies ist eine gute Übung zur Kräftigung der Schultermuskulatur. Hierbei bringen wir die angewinkelten Arme nach oben, müssen aber darauf achten, daß die Hand leicht gedreht wird, so daß der Daumen nach innen zeigt. Mit dieser Übung tun wir auch etwas für die Definition. Beim Hochbringen der Hanteln atmen wir ein, beim Herunterlassen aus.

Seitheben am Kabel stehend

Hier sehen wir eine weitere Übung zur Kräftigung der Schultermuskulatur. Ich mache sie überwiegend kurz vor dem Wettkampf. Der Arm wird leicht angewinkelt, beim Heben des Arms wird ein- und beim Herunterlassen ausgeatmet. Seitenheben am Kabel ist eine sehr gute Definitionsübung.

_____ *Mein Tip* _____

Der Wettkampf-Bodybuilder sollte in den letzten sechs Wochen vor dem Wettkampf intensiv seine Kür und das Anspannen der Pflichtposen üben.

Langhantelanheben zum Kinn

Diese Übung dient speziell der Kräftigung der Nackenmuskulatur (Trapez). Die Langhantel wird mit angewinkelten Armen bis unter das Kinn gezogen. Dabei atmen wir ein. Beim Herunterlassen wird ausgeatmet, wobei wir den Muskel noch einmal anspannen.

Trapezmuskel-ziehen am Turm

Das ist die gleiche Übung wie das Langhantelanheben zum Kinn, jedoch wieder mit Unterstützung eines Gerätes. Sie ist daher besonders gut für Anfänger geeignet.

Bauch und Hüfte

Training und Übungen

Während früher Wohlbeleibtheit ein Symbol für Reichtum und Macht darstellte, findet man heute eher als sportlich aktiver, schlanker Mensch seine Anerkennung. Hat jemand einen Bauch, wird er als unbeweglich und unattraktiv angesehen. Deshalb sind auch der Bauch und die Hüften beliebte „Angriffsziele" für Fitneßbegeisterte. Man kann seinen Bauch durch spezielle Übungen und eine geeignete Ernährung, zum Beispiel nicht zu fette und kalorienreiche Kost am Abend, unter Kontrolle halten. Darüber hinaus empfiehlt sich Radfahren und Lauftraining, das den Hüften und dem Bauch gleichermaßen guttut. Ein Wettkampfathlet mit gut definierter Bauchmuskulatur macht bei einem Kampfrichter stets den besseren Eindruck. Natürlich erreicht man einen wohl proportionierten Körper im Hüft- und Bauchbereich nicht durch die dafür vorgesehenen Übungen allein, sondern nur im Zusammenhang mit einem allgemeinen Körpertraining, das Bauch und Hüften mit berücksichtigt.

Bitte denken Sie daran, nicht zu übertreiben, weder durch eine zu strenge Diät noch durch ein Training mit schweren Gewichten oder einem zu hohen Schwierigkeitsgrad. Regelmäßige Trainingsbetätigung ist das Geheimnis des Erfolgs. Denken Sie auch daran, daß der Trainingserfolg altersbedingt ist. Wenn man die 30 bereits überschritten hat, sollte man mehr Geduld aufbringen, um seine Figurprobleme in den Griff zu bekommen.

Bauchmuskelübung am Bauchbrett

Das Bauchbrett sollte eine Neigung von 40 Grad haben. Anfänger sollten allerdings nur mit etwa 20 Grad einsteigen. Der Kopf ist aufgerichtet, die Hände im Nacken. Jetzt wird der Oberkörper mehrmals auf- und abgebeugt, wobei beim Aufrichten eingeatmet und beim Herunterlassen ausgeatmet wird.

Bauchmuskelübung für den unteren Bereich

Bei dieser Übung heben wir die leicht angewinkelten Beine an, die den Körper nicht berühren dürfen. Beim Herunterlassen sollten sie auch den Boden nicht berühren, so daß eine ständige Spannung im Bauchbereich vorhanden ist. Beim Anbeugen der Beine atmet man ein, beim Herunterlassen aus.

Beinheben hängend

Diese Übung ist hervorragend für den unteren Bereich der Bauchmuskulatur geeignet. Wir legen uns auf ein Bauchbrett, das eine Neigung zwischen 20 und 30 Grad haben sollte, winkeln die Beine leicht an und führen sie auf und ab. Bitte achten Sie darauf, daß eine ständige Spannung im unteren Bauchbereich vorhanden ist. Fortgeschrittene können diese Übung auch am Barrendipser ausführen.

Mein Tip

Da man beim Training viel Schweiß läßt, ist es äußerst wichtig, auch während des Trainings Mineralwasser zu trinken, um den Flüssigkeitsverlust auszugleichen.

Hüftdrehen

Die Hüfte kann als Problemzone bezeichnet werden, da dort eine Gewichtszunahme am ehesten sichtbar wird. Ich empfehle hier folgende Übung: Man setzt sich auf die vorderste Kante einer Trainingsbank, legt sich einen Holzstab in den Nacken, umschlingt ihn von hinten mit den Armen und dreht den Oberkörper von links nach rechts, wobei der Blick nach vorne gerichtet bleibt. Wenn man im Studio einen Hüftdreher hat (wie die Abbildungen zeigen), kann die Übung noch wirkungsvoller ausgeführt werden.

Mein Tip

Viele Leute vertreten die Meinung, die Muskeln eines Bodybuilders hängen nach Beendigung seiner Karriere und des Trainings wie Lappen herunter. Wenn ein Körper über Jahre hinweg täglich mehrere Stunden trainiert wurde, kann man nicht von heute auf morgen mit dem Training aufhören. Das würde bei einem Hochleistungssportler mit Sicherheit gesundheitliche Schäden hervorrufen.

Daher ist es wichtig, ein Fitneßprogramm zu erstellen, das den Körper weiterhin in Form hält. Man kann zum Beispiel die Trainingshäufigkeit und -dauer langsam herabsetzen und die Ernährung auf „normale Kost" umstellen. Laufen und Fahrradfahren, Schwimmen oder Gymnastik sind dabei sicher ein guter Ausgleich, um trotz eines reduzierten Gewichts das Gewebe straff zu erhalten. Natürlich gilt dies nicht nur für den Bodybuilder, sondern grundsätzlich für alle Hochleistungssportler.

Trainingsplanung

Satz- und Wiederholungszahl

Jeder Körper spricht anders auf das Training an. Ursache ist weniger die körperliche Veranlagung als die Mentalität und die individuelle Motivationsfähigkeit. Wichtig ist die Satz- und Wiederholungszahl. Man sollte darauf achten, daß man immer 7 Wiederholungen korrekt ausführt. Wettkampfathleten sollten bis in den Schmerzbereich hinein trainieren. In diesem Fall kann ein Partner bei weiteren Wiederholungen helfen. Erst in diesem Bereich kommt eine Reizung des Muskels zustande, die ihn wachsen läßt und ihm die nötige Teilung gibt. Bevor man in Grenzbereiche geht, ist es außerordentlich wichtig, daß man sich mit leichteren Gewichten aufwärmt.

Die Wiederholungszahl kann hier ruhig 15 bis 20 betragen. Zwei Sätze sollten dafür aufgewendet werden, um ernsthafte Verletzungen zu vermeiden.

Kleiner Tip von mir: Treten im Gelenk- oder Sehnenbereich Schmerzen auf, sollte man die betreffende Stelle sofort mit Eis kühlen und zur Sicherheit möglichst schnell einen Arzt aufsuchen.

Am Anfang muß man sich erst langsam an die Übungen gewöhnen. Vier Sätze mit je 6 bis 8 Wiederholungen sind bei Trainingsbeginn ein gutes Maß. Zunächst werden drei Übungen pro Körperpartie ausreichen, wobei man darauf achten sollte, daß die drei Grundübungen Bankdrücken, Kniebeuge und Nackendrücken darin enthalten sind.

Später wird man die Anzahl der Übungen und Sätze steigern. Bei den Grundübungen sollte man jetzt die Satzzahl bis auf 8 steigern. Die Zahl der Wiederholungen, um Muskelmasse und Kraft aufzubauen, sollte zwischen 6 und 8 liegen. Liegt sie weit über 12, ist das Gewicht zu leicht. Es muß dann soweit erhöht werden, daß wieder eine Wiederholungszahl von 6 bis 8 erreicht wird.

Anfänger

Trainingszahl: 3mal wöchentlich; Trainingszeit: jeweils 1 Stunde		
Übungen	Sätze	Wiederholungen
Montag: Waden, Brust und Bauch		
Wadenwippen im Sitzen	4	8 – 10
Bauchmuskelübung am Bauchbrett	3	6 – 8
Bauchmuskelübung für den unteren Bereich	3	6 – 8
Langhanteldrücken an der Multipress	4	6 – 8
Fliegende Bewegungen im Liegen	4	6 – 8
Kurzhantelüberzug	3	6 – 8
Mittwoch: Waden, Bauch, Rücken und Arme		
Wadenheben an der Wadenmaschine	4	8 – 10
Bauchmuskelübung am Bauchbrett	3	6 – 8
Hüftdrehen	–	5 Minuten
Kabelziehen im Sitzen – Weitgriff	3	8 – 10
Kurzhantelrückentraining, stehend	3	8 – 10
Langhantelcurl, stehend	3	6 – 8
Trizepsdrücken, stehend	3	6 – 8
Freitag: Rücken, Bauch, Schultern und Beine		
Rückenstrecker an der Hyperextensionsbank	4	6 – 8
Bauchmuskelübung für den unteren Bereich	4	6 – 8
Langhanteldrücken an der Schultermaschine	4	6 – 8
Trapezmuskelziehen am Turm	3	6 – 8
Beinstrecker	4	6 – 8
Beinbizepscurl, liegend	4	6 – 8

Erst dann, wenn man für einen Wettkampf trainiert, sollte man außer der empfohlenen Wiederholungszahl noch drei bis vier weitere Ausführungen schaffen, wobei man diese Übungen abändern oder zusammen mit einem Partner ausführen kann. Man sollte allerdings auch beim Abändern darauf achten, die Übung halbwegs korrekt auszuführen, da sie sonst nicht den gewünschten Erfolg bringt oder sogar eine Verletzung hervorrufen kann. Deshalb mein Tip: Niemals von falschem Ehrgeiz leiten lassen und nicht zu schwere Gewichte benutzen.

Kleidung und Schuhe

Da ein Bodybuilder unterschiedlichste Übungen macht und damit jede Faser seines Körpers beansprucht, muß er natürlich auch die richtige Kleidung tragen. Sie muß strapazierfähig und pflegeleicht sein. Die Hersteller haben sich natürlich auf diese Bedürfnisse eingestellt. Es werden sehr oft Materialien aus einer Baumwolle-Viskose-Mischung verwendet, die den Schweiß schnell von der Haut abtransportieren, das heißt, man

Fortgeschrittene

Trainingszahl: 4mal wöchentlich; Trainingszeit: jeweils 1½ Stunden		
Übungen	Sätze	Wiederholungen
Montag: Waden, Bauch, Brust und Arme		
Wadenwippen im Sitzen	4	10 – 12
Bauchmuskelübung am Bauchbrett	4	12 – 15
Langhantelbankdrücken, frei	5	8 – 10
Fliegende Bewegung im Liegen	4	8 – 10
Kurzhantelüberzug	4	8 – 10
Langhantelcurl im Stehen	4	6 – 8
Trizepsdrücken, stehend	4	6 – 8
Kurz- oder Langhantelcurl auf der Scottbank	4	6 – 8
Trizeps-Kurzhanteldrücken im Sitzen	4	6 – 8
Dienstag: Bauch, Schultern und Rücken		
Bauchmuskelübung für den unteren Bereich	4	10 – 12
Nackendrücken im Sitzen, hinten	4	8 – 10
Seitenheben im Sitzen	4	6 – 8
Langhantelanheben zum Kinn	4	8 – 10
Klimmzüge zum Nacken	4	6 – 8
Rudern mit der Langhantel	4	6 – 8
T-Bar-Rudern	4	6 – 8
Kabelziehen, beidarmig sitzend	4	6 – 8
Donnerstag: Bauch, Beine und Waden		
Bauchmuskelübung am Bauchbrett	5	10 – 12
Hüftdrehen	–	5 Minuten
Langhantel-Kniebeuge, hinten	5	6 – 8
Beinpresse, schräg	4	8 – 10
Beinbizepscurl im Liegen	5	8 – 10
Beinstrecker	5	8 – 10
Wadenheben an der Wadenmaschine	3	6 – 8
Wadenwippen im Sitzen	3	6 – 8
Freitag: Rücken, Brust und Arme		
Kreuzheben	4	6 – 8
Kurzhantel-Bankdrücken, frei	4	8 – 10
Langhantel-Schrägbankdrücken	4	6 – 8
Kurzhantel-Überzug	3	8 – 10
Butterfly im Sitzen	3	6 – 8
Kurzhantelcurl im Sitzen	4	6 – 8
Enges Bankdrücken	4	6 – 8
Konzentrationscurl	4	6 – 8
Trizepsübung am Seil, vorgebeugt	4	6 – 8
Unterarmtraining auf der Bank	3	4 – 6

friert nicht so schnell und fühlt sich auch über einen längeren Zeitraum im Training wohl.

Aber oft tut es auch schon der normale Trainingsanzug, den man für relativ wenig Geld in jedem Kaufhaus oder Sportgeschäft erwerben kann. Sinnvoll ist es aus oben genannten Gründen jedoch, einen Blick auf das Materialschild zu werfen. Achten Sie auch darauf, daß der Anzug gut sitzt und Ihnen genügend Bewegungsfreiheit läßt. Sonst könnte es leicht passieren, daß Sie zum Beispiel bei der Kniebeuge plötzlich „im Freien" stehen.

Haben Sie schon eine gewisse Muskelmasse entwickelt, werden Sie feststellen, daß Ihnen nach und nach ihre Hemden, Hosen oder Jacken zu eng werden. Auch bei der Trainingskleidung muß man das berücksichtigen. In den Kaufhäusern werden, zumindest was die Sportkleidung betrifft, Anzüge und Sporthemden angeboten, deren Schnitt einen breiteren Rücken, dickere Oberarme und Oberschenkel berücksichtigt.

Klar, daß man als aktiver Sporttreibender auch schick sein will. Aber es gibt ein ausreichendes Angebot, mit dem jeder seinen persönlichen Geschmack befriedigen kann. Für mich persönlich ist sehr wichtig, daß ich eine Kleidung trage, die mich motiviert, das heißt, die gerade trainierte Muskulatur muß zu sehen sein. Ich will beobachten können, wie der Muskel beim Training arbeitet.

Bei vielen Übungen ist es wichtig, einen stabilen rutschfesten Stand zu haben. Deshalb sollte man beim Training entsprechendes Schuhwerk tragen. Bei den Kniebeugen empfehlen sich beispielsweise hohe Sportschuhe, die nicht nur ein Umknicken verhindern, sondern auch einen insgesamt festeren Stand ermöglichen. Ansonsten genügt ein einfacher flacher und luftdurchlässiger Sportschuh.

Die Ernährung

Richtige Auswahl und Dosierung der Lebensmittel

Beim Bodybuilding spielt die Ernährung eine ganz wesentliche Rolle. Oft machen sich Sportler zu viele Gedanken über die verschiedenen Trainingssysteme, die Intensität des Trainings, die Wiederholungszahlen und so weiter. Sehr häufig jedoch liegt der Grund für die Stagnation des Muskelaufbaus in der falschen Zusammensetzung der Ernährung.

So werden zum Beispiel minderwertige Nahrungsmittel wie Weißbrot, Gebäck aus hellem Mehl und Pommes frites in großen Mengen verspeist, ohne zu bedenken, ob diese Art der Ernährung dem Muskelaufbau überhaupt nützt. „Erst einmal auf Masse zu gehen", heißt nicht, daß Masse mit Muskeln gleichzusetzen ist. Was nützt eine Gewichtszunahme an Fett von 20 Kilo, wenn man später wieder 17 bis 18 Kilo abnehmen muß, damit die Muskeln deutlich zu sehen sind.

Viel sinnvoller ist es, seine Ernährung so zu gestalten, daß ein kontinuierlicher Muskelzuwachs bei relativ niedrigem Körperfettgehalt erreicht wird. Dies ist, neben einem effektiven Training, am besten dadurch zu erreichen, daß die gesamte Kalorienzufuhr auf vier bis fünf kleinere Mahlzeiten pro Tag verteilt wird. Der Vorteil liegt auf der Hand: Bei kleineren Mahlzeiten kann der Körper die ihm zugeführten Nährstoffe viel besser verarbeiten, als bei drei großen Mahlzeiten, die den Körper unnötig belasten.

Man sollte Nahrungsmittel meiden, die einen hohen Anteil an raffiniertem Zucker, Weißmehl und Fett aufweisen. Bei einer ausgewogenen Kost eines Sportlers sollte die Energie zu etwa 60 Prozent aus Kohlenhydraten, zu 25 Prozent aus Protein und zu 15 Prozent aus Fett stammen sowie alle notwendigen Vitamine und Mineralstoffe enthalten. Protein beziehen wir zum Beispiel aus magerem Fleisch, aus Fisch, Molkereiprodukten und Eiern. Kohlenhydrate finden wir in Vollkornprodukten, in Obst, Gemüse, Reis und Kartoffeln. Da in den genannten tierischen Nahrungsmitteln bereits Fett enthalten ist, sollten zusätzlich nur geringe Mengen als wertvolles Pflanzenöl verzehrt werden. Als Getränke empfehlen sich Magermilch, frisch ausgepreßte Fruchtsäfte, Tee, Mineralwasser und Kaffee. Sehr wichtig für die Verdauung sind die in Vollkornprodukten, wie zum Beispiel Vollkornbrot, Müsli, Vollkornnudeln und Naturreis, sowie in Obst und Gemüse enthaltenen Ballaststoffe.

Bei allen Nahrungsmitteln sollte auf einen frischen Zustand und eine schonende Zubereitung geachtet werden. Zusätzlich empfehle ich eine Ergänzung der Ernährung durch Einnahme von sinnvollen Zusatzprodukten, weil Sportler

Ernährungspläne

Gewichtszunahme (Gewicht des Sportlers: 80 kg)				
1. Mahlzeit	Kohlenhydrate	Eiweiß	Fett	kcal
150 g Haferflocken	100	21	10	600
250 g Magerquark	10	35	1	200
0,5 l fettarme Milch	24	16	8	250
1 Scheibe Vollkornbrot	21	4	1	110
2 Löffel Honig	16	–	–	60
2. Mahlzeit	Kohlenhydrate	Eiweiß	Fett	kcal
300 g Joghurt	15	9	10	198
1 Banane	30	1	–	135
2 Apfelsinen	28	–	–	160
3. Mahlzeit	Kohlenhydrate	Eiweiß	Fett	kcal
250 g Hüftsteak vom Rind	–	50	15	288
500 g Kartoffeln	95	10	5	425
300 g Brokkoli	12	9	–	100
1 Portion gem. Salat	25	6	–	150
4. Mahlzeit	Kohlenhydrate	Eiweiß	Fett	kcal
2 Scheiben Vollkornbrot	42	8	2	220
4 Löffel Honig	32	–	–	120
1 Scheibe Edamer	2	8	5	84
Eiweißgetränk mit Magermilch	30	48	10	420
5. Mahlzeit	Kohlenhydrate	Eiweiß	Fett	kcal
250 g Putenschnitzel	–	52	5	280
100 g Reis	79	7	1	368
200 g Ananas	26	2	–	114
1 Portion gem. Salat	25	6	–	150
Gesamt:	612	292	73	4 432

Gewichtsabnahme (Gewicht des Sportlers: 80 kg)				
1. Mahlzeit	Kohlenhydrate	Eiweiß	Fett	kcal
250 g Quark	10	35	1	200
100 g Haferflocken	66	14	7	402
1 Scheibe Vollkornbrot	21	4	1	110
2 Löffel Honig	16	–	–	60
1 Glas Milch (0,2 l)	10	6	3	90
2. Mahlzeit	Kohlenhydrate	Eiweiß	Fett	kcal
1 Eiweißgetränk mit Magermilch	28	49	2	338
1 Banane	30	–	–	135
3. Mahlzeit	Kohlenhydrate	Eiweiß	Fett	kcal
200 g Putenschnitzel	–	42	4	220
100 g Vollkornnudeln	72	14	1	390
1 Portion gem. Salat	40	10	–	230
4. Mahlzeit	Kohlenhydrate	Eiweiß	Fett	kcal
300 g Joghurt	15	9	10	198
50 g Müsli	36	6	3	190
1 Apfelsine	14	–	–	80
5. Mahlzeit	Kohlenhydrate	Eiweiß	Fett	kcal
200 g Seelachsfilet	–	36	2	176
100 g Reis	79	7	1	368
1 Portion grüner Salat	4	2	–	28
Gesamt:	441	204	35	3 215

nachweislich einen erhöhten Bedarf an Eiweiß, Vitaminen und Mineralstoffen haben. Dazu gehören Vitamin-B-Komplex, die Vitamine E und C sowie ein Mineralstoffpräparat. Außerdem ist es von Vorteil, etwa 30 bis 40 Prozent des Eiweißbedarfs durch ein Proteinkonzentrat zu decken, da dieses weder Purin noch andere Begleitstoffe enthält.

Falls Sie zunehmen möchten, ist eine Erhöhung der Kalorienzufuhr notwendig. Wenn Sie abnehmen möchten, reduzieren Sie die Kalorienaufnahme. Um nicht übermäßig Fett anzusetzen, sollte die Kalorienzufuhr nicht wesentlich höher als um 500 bis 700 kcal über Ihrem Bedarfsdurchschnitt liegen. Zur Reduzierung des Körpergewichts wird die Kalorienbilanz um 500 bis 700 kcal unterschritten, da bei einer größeren Einschränkung Ihrer Kalorienaufnahme ein effektives Training kaum noch möglich ist.

Zur Bestimmung der Energiebilanz werden eine Nährwerttabelle und eine Körperwaage benötigt. Jetzt werden die täglich zugeführten Kalorien anhand der Tabelle errechnet und das Körpergewicht kontrolliert. Bleibt das Körpergewicht konstant, handelt es sich bei der aufgenommenen Kalorienmenge um Ihre persönliche Energiebilanz.

Wichtig ist, daß etwa 1 bis 1½ Stunden vor dem Training Kohlenhydrate verzehrt werden und direkt nach dem Training Protein, da zu diesem Zeitpunkt der Bedarf am höchsten ist.

Die Posen
des Bodybuilding

OENSCHAPPEN 82

Bedeutung und Rolle der Posen

Obwohl man vielleicht glauben könnte, daß das Posen nur für den Wettkampfathleten von Bedeutung ist, kann auch der Anfänger Nutzen daraus ziehen, denn es verbessert die Muskelstruktur und Muskelhärte. Das Posen eignet sich deshalb immer als Trainingsabschlußübung und dient gleichzeitig der Kontrolle des schon Erreichten.

Bei einem Wettkampf spielen die Pflichtposen eine besondere Rolle, denn sie müssen auf jeden Fall genau nach Vorschrift absolviert werden. Insgesamt kennt der Wettkampfathlet sieben Pflichtposen: Doppelbizeps vorne, Latissimus vorne, die seitliche Brustpose, Doppelbizeps von hinten, die seitliche Trizepspose und die Bauch- und Beinpose, bei der die Arme hinter den Kopf gelegt werden müssen.

Bei jeder Pose sollen sämtliche Muskelgruppen angespannt sein, und die einzelnen Posen müssen exakt den Vorgaben des Verbandes – in Form von Fotografien – entsprechen. Bei der Bewertung gibt es die unterschiedlichsten Kriterien, zum Beispiel Muskelmasse, Muskelteilung, Proportion, Muskulosität, Definition, aber auch Exaktheit bei der Ausführung und die Ausstrahlung des Athleten sind für die Kampfrichter von Bedeutung.

Über den Pflichtteil hinaus stehen dem Wettkampfteilnehmer 60 Sekunden für seine Kür zur Verfügung, die er mit Musik und eigenen Posen individuell gestalten kann. Hier bewertet der Kampfrichter dann die Kreativität in der Gestaltung, die Übergänge zu den einzelnen Posen, den Bewegungsablauf, den Gesichtsausdruck (keine vor Anstrengung entstehenden Grimassen) und die Gesamtausstrahlung der Darbietung unter Berücksichtigung verschiedenster Kriterien wie Harmonie, Muskelmasse, Proportionen und so weiter.